思想觀念的帶動者

文化現象的觀察者

本土經驗的整理者

生命故事的關懷者

心靈工坊 PsyGarden

*Holistic*

探索身體，追求智性，呼喊靈性
攀向更高遠的意義與價值
是幸福，是恩典，更是內在心靈的基本需求
企求穿越回歸眞我的旅程

# 當下，繁花盛開

# WHEREVER YOU GO, THERE YOU ARE

Mindfulness Meditation in Everyday Life

三十週年
—全新增訂版—

Jon Kabat-Zinn, Ph.D.
喬・卡巴金——著　雷叔雲——譯

獻給麥菈——難以言喻的愛

獻給威爾、瑙湘、莎琳娜、托比、阿莎、史黛拉和荷昆，無論你們身在何處

懷念M姑姑，即莫玲·史戴佛，她是一位醫生、菩薩、母親、祖母、全年無休的兒童讀物贈者和題詞者、正念老師、世界之福

同時

向世界各地所有戮力於正念教學和修行的人士致以深深的「法」的禮敬。

# 目次

## 第二部 修習的心要

# 讚譽推薦

「禪修不是讓你從世界抽離，而是幫助你更充分、更有效率、更平靜地享受這個世界。在《當下，繁花盛開》一書中，喬．卡巴金博士帶領我們直達禪修的核心。」

——迪恩．歐尼許（Dean Ornish）
醫學博士、《歐尼許博士的心臟病逆轉計畫》
（*Dr. Dean Ornish's Program for Reversing Heart Disease*）作者

「喬．卡巴金再次以自己清晰的智慧，揭示了禪修之道的簡單與深邃。在這本富有洞察力的書中，他提醒我們，開悟的契機並不遙遠，就存在於當下這一刻。」

——克莉絲蒂娜．費德曼（Christina Feldman）
《女性的覺醒》（*Women Awake*）作者

「想要遇見你這輩子最有趣、最令人興奮的人嗎？讓喬．卡巴金帶你認識真正的『自己』。在與禪修有關的文獻中，沒有哪本書能如此簡單且富有常識地引領你走向內在。」

——諾曼．李爾（Norman Lear）

「這閃耀著極簡與率真的光芒。喬．卡巴金是你能遇見的最出色的正念老師之一。」

——傑克．康菲爾德（Jack Kornfield）

《以心為道》（*A Path with Heart*）、《狂喜之後，還是要洗衣服》（*After the Ecstasy, the Laundry*）作者

「理想狀態下，禪修不是我們要去『做』的事，而是一種『活出來』的方式。喬．卡巴金以清晰、輕鬆且富詩意的方式指引我們走向這種活生生的正念精神。」

——莎朗．薩爾茲伯格（Sharon Salzberg）

《慈愛》（*Lovingkindness*）、《信念》（*Faith*）作者

「《當下，繁花盛開》是一本異常清晰且實用的禪修指南。它在看似簡單的文字中，蘊含深刻的洞見與智慧。喬．卡巴金博士真正活出了他所教導的理念。」

——肯尼斯．佩萊提耶（Kenneth R. Pelletier）博士

史丹佛大學醫學院教授

《心靈的療癒力量》（*Mind as Healer, Mind as Slayer*）作者

三十週年版．推薦序一

# 當代正念心法的最重要著作

陳德中／台灣正念工坊創辦人

十多年前剛從美國回來，即將第一次在醫院帶領正念減壓課程之時，因受訓語言是英文，授課語言為中文，故想找本中文翻譯書參考看看。備課過程中卻發現，整體幫助最大的不是具結構性的八週課綱，也非帶回的厚重資料，而就是這本中文版《當下，繁花盛開》初版！我說的不只是語言，更是內容。十多年來的教學成果讓我更確信，它除了是卡巴金博士全球最暢銷的一本書，更是當代正念心法最重要的著作。

約一年前，我接到卡巴金博士的電郵問我實體地址，原來這本書的三十週年紀念版剛出爐，他想讓美國的出版社也寄一本給我。得知再版好消息後，一方面與台灣正念工坊幾位正念老師組成線上讀書會，分工拜讀英文新版，二方面跟中文原版的出版社聯繫，希望廣大華語讀者也有機會一睹為快，感謝徐嘉俊總編輯明快決定將進行版權洽談及翻譯事宜。很高興，如今新版的中文版終於問世。

這三十週年紀念版除內文有調整外，作者還寫了全新的〈三十週年版導言〉以及大幅補充了

三十週年版・推薦序一

## 當代正念心法的最重要著作

〈跋語〉，這兩篇是個人覺得新版最令人驚喜的篇章，也是我們之前英文讀書會的閱讀重點。它更深入地直指正念核心本質，推薦所有想瞭解正念深度內涵的朋友一定要一讀。以下，我也就這兩篇來多談些。

此刻地球似乎面對諸多挑戰，人們面臨身心的失衡、思維的二元對立，戰爭的威脅，以及環境的衝擊。但或許，就像導言中作者的大聲疾呼：「該是覺醒的時候了。」感覺目前人類正處於特別的紀元：外在的世界，有了更多混亂與對立，但內心的世界，卻是個覺醒的機會。我不知道為何人類會來到這樣的交叉口，只能祈願多些人往內心修持的道路前進，內心和平了，沒有二元對立及人我衝突，世界和平才較有可能。

而為何正念會牽涉到覺醒、且可能是亂世中的生存之道呢？回到正念的定義，卡巴金博士很明確地指出：「正念」就是「覺知」，更完整的說法是「有意識且不帶評判地專注於當下，所生起的覺知」（the awareness that arises from paying attention on purpose, in the present moment, and non-judgmentally[1]）。簡地來說，各位讀者現可留意一下你雙腳是伸直或彎曲、鼻腔的氣息正在進或出、耳邊有哪些聲音……，單純觀照而不陷入雜想，此時那份清明澄澈的覺知，就是正念了。因此，它除了是觀照的「動詞」，更是一種存在本質（being）的「名

1 本書譯者譯為「刻意在當下專注，並且不加評斷，而生起的覺知」。

詞」。所以作者才會一再強調：「覺知（awareness）已天生本具，而覺性（wakefulness[2]）早就存在，人類覺知的真實自性（true nature[3]）就由它構成，既無量無邊又永存永續。正念不只是一種修練，更是生命存在之道（a Way of being）。」

這些描述更加深我對正念的體悟，確實正念就是覺知、更是覺性的本身，寬廣且遼闊，既在人類內心深處，又與天地宇宙合一，這樣一來，正念的定義從操作技術到自性本質，全都涵蓋了。而我相信，在覺性、自性或空性的世界中，沒有區分黃種人、白種人或黑種人，也不分國籍、性別或身分地位，一切的人為分別在那純淨且絕對的世界都不再重要，就看多少人有這種體會了。

此乃覺醒之時。

就在這裡，就是現在。

---

2 本書譯者譯為「覺醒」。

3 本書譯者於兩處各譯為「真實本性」及「真實本質」。

三十週年版・推薦序二

# 不抗拒、不入戲，人間清醒

林俊言／中醫師、祈光光訊息技術顧問

二〇二四年十一月二十四日，台灣在世界棒球十二強賽中以4比0擊敗日本，首次奪得該項賽事的冠軍，也是台灣棒球史上最輝煌的時刻之一。在這場冠軍戰中，林家正在第五局上半擊出全壘打，為球隊先馳得點並振奮士氣，同時展現了他在壓力下的穩定心態。他曾向後輩分享自己調適緊張情緒的方法：「如果會緊張的話，就聞一下現在聞到什麼、聽一下你聽到什麼、看見什麼、摸到什麼東西。如果這些都做了，代表你現在就在這個當下，然後去享受它就好。」

雖然我們無從得知旅美運動員林家正是如何接觸到「活在當下」的概念，但自從心理學家拉姆・達斯（Ram Dass）於一九七一年出版《現在就在這裡》（*Be Here Now*）後，這本書至今仍在美國書店暢銷不衰，並深刻影響了各界的名人，包括：賈伯斯、披頭四、艾克哈特・托勒等人。而本書的作者卡巴金博士則是將「活在當下」引入醫學、心理學與運動訓練領域的重要推動者之一。他曾與多家醫院合作，將正念覺察（Mindfulness）融入臨床護理，推動了「正念減壓療法」的發展與普及。他的研究顯示，正念能夠降低焦慮、減輕疼痛、改善免疫功能，並提升生活品質，這與中醫學的核心觀念「精神內守，病安從來？」不謀而合。

卡巴金博士的多部著作已被翻譯成超過四十五種語言，對全球的專業人士與一般讀者皆有深遠影響。其中，《當下，繁花盛開》是他最平易近人的作品，英文版自一九九四年首次出版以來，已累計銷售超過一百萬本，並長年位居 Amazon 網路書店佛教與冥想類別暢銷書排行榜前列。為了回應世界的迅速變化，卡巴金博士修訂了部分內容，使新版能與當代讀者產生更深的共鳴。儘管我已進行「心識訓練」多年，然而再次閱讀這本三十週年紀念版時，仍能從中獲得許多啟發。因此，欣然推薦！

我最喜歡書中的一句話是：「無知無覺如同迷霧，遮去生命中最深刻的機會。」然而，回顧自己剛開始學習正念覺察的時候，曾向阿姜查的弟子——甘比羅法師請教：「當下有這麼多事情同時發生（如入出息、身體覺受、心理感受、念頭、認知與評斷等），我該專注於哪一個？」法師的回答與卡巴金博士在本書中的觀點如出一轍：「專注本身才是最重要的，而非專注的目標。」這個觀念為我指引了明確的方向，讓我在極短的時間內便體驗到卡巴金博士所說的：「重新連繫上身體，然後超越身體……與萬事萬物合而為一。」

當我開始體驗到各種五花八門的「靈性經驗」後，最大的挑戰是如何持續保持中立，放下對每一種經驗的抗拒或渴求。我常以聖十字若望的《攀登加爾默羅山》提醒自己：「在這條路上，絕不可被途中可能出現的野獸嚇退，也不能停下來摘花朵。」而卡巴金博士則說得更直接：「我們很容易落入這個陷阱，用禪修來助長自我膨脹的習性。……禪修完全不是要出現特定的感受，而是要感受當下所感受到的一切，並在當下覺知你在感受。」

即使已有豐富的體驗，在生活中我偶爾仍會「失去正念」。因此，特別認同卡巴金博士所說：「若要在生活中保持正念，探詢的精神絕不可少……探詢並非找尋答案。」在本書中，他向讀者們拋出了許多的問題，我建議都不要用頭腦直接回答，而是試著練習他的建議「帶著一份好奇，把問題放入覺知中。」（如果想更理解「探詢」，可以延伸學習拜倫・凱蒂的教導。）

最後，當讀到卡巴金博士在〈跋語〉中對「這個動蕩時期」的呼籲時，我聯想到曾有人問諾貝爾和平獎得主埃利・維瑟爾（Elie Wiesel）：「這個世界上有太多需要關注的議題，讓人不知從何開始。我們應該選擇關注什麼？該幫助誰？又該如何幫助？我們應該從哪裡開始？」維瑟爾翻開手掌朝上，回答：「從你所在的地方開始」。呼應了本書「凡出現的，就是此時此刻的功課，挑戰一直都有——我們能否全然、正念、真心地迎接它？」

祝福所有讀者都能不抗拒、不入戲，人間清醒。

林俊言二〇二五年二月二十日
寫於麻薩諸塞州波士頓

# 三十週年版·譯者序

# 你停下來了嗎？

雷叔雲

正午，一片死寂，連風都歇了。街頭出現了受邪師蠱惑的恐怖份子，哪還見半個人影？倏地，鴦掘摩羅（Aṅgulimāla）淌著汗、殺紅了眼，風也似地鑽了出來，一眼瞥見佛陀踏著正念的步子踽踽獨行，不由大喜過望，自忖將佛陀給殺了，就此完成千人之斬，當即成道。只見他大步跨了過去，哪知怎樣奮力追趕，也追不上緩緩而行的佛陀，一時著了慌，氣喘吁吁地朝佛陀的背影大喊：「喂！你停下來呀！你給我停下來呀！」佛陀回過頭來，眼中滿是慈愍，不急不徐說道：「我早就停下來了，孩子，你為什麼還沒有停下來呢？」[1]

簡單的三言兩語，卻凝煉出一則永不磨滅的象徵。然而，需要停下的究竟是什麼呢？用本書作者喬·卡巴金博士的說法，就是在熱烘烘的生活中停下所有的「作為」（doing），切換到

1 譯註：這段對話略為：「住！住！勿去！」……「我常住耳，汝自不住。」全文見《雜阿含經》38卷1077經、別譯《雜阿含經》1卷16經、《增一阿含經》31卷〈力品〉第38之6經。

「存在」和「成為」（being and becoming），僅僅「到了哪裡，人就在那裡」（Wherever you go, there you are.），心不駐留在他時、他處、他人，反而單純覺知當下的身心運作和此時、此處、此人，本然的完美便淋漓呈現！正因為曾經停過（不作為），若決定再動（再度作為）起來，也是更生動豐富的動。這一番話直接師承佛陀正知正念的禪法，原非陽光底下的新鮮事，新鮮的是，作者從一介西方禪者和醫學教授的觀點來審視這古老而彌新的傳統。

## 將正念引入美國主流社會的第一人

卡巴金博士任麻薩諸塞大學醫學院榮譽教授的期間，由於工作之便，得以近距離體察世間疾苦，他看到醫院彷佛磁鐵，吸附大量身心痛苦失控的人們，而醫院至多只能對「症」下藥，對「人」卻往往無藥可醫，因為病人身心整體狀況遠較疾病本身複雜得多。

他曾追隨韓國的崇山行願（Seung Sahn Sunim）禪師[2]，也在位於麻州貝瑞的觀禪學會

2 譯註：崇山行願禪師（1927-2004），北韓平安南道順川人，生於平壤，少年時候正值朝鮮日治時期，他一九四四年投入三一運動，不出數月即被捕，幸得他的中學校長協助才倖免死刑。出獄後又試圖越過滿洲邊境參加韓國的自由軍地下工作，但計畫失敗，隨即返韓繼續學業。後於韓國首爾升讀東國大學，主修哲學。一九四七年出家。二十二歲時先後得到真性、鏡峰、鏡悟及古鋒四位禪師的印可，且得到古峰禪師傳法，賜法號行願（행원），為韓國曹溪宗第七十八代傳燈祖師，是韓國當時最年輕的禪師，也是古峰禪師唯一的法嗣。二〇〇四年十一月三〇日於韓國首爾華溪寺示寂，享壽七十七歲。

（Insight Meditation Society）[3]學習禪修，認為「心」既然對「身」有著主導的力量，可以病之，可以癒之；又可以培育僅僅如實觀察、不加評斷，不起愛憎的清淨心質，讓身體的病痛不致因心理的惶惑、憂慮和恐懼而層層加劇，甚至因勇於接納而超脫病痛的掌控，那麼，醫院為什麼不提供正念教室，與主流醫療體系互補呢？如此一來，人們不但能從此學到自我療癒的能力，也認識到健康其實是自己無可諉卸的責任，更可將當今醫療體系走入歧途的「疾病照顧」導向還原成「健康照顧」導向。於是他在該校創辦「正念減壓診所」以及「醫療、健康照顧與社會之正念應用中心」，正式將正念納入醫療體系，其團隊多年來在專業醫學及刑法期刊上發表不計其數的正念療效研究報告，可說是將正念引入美國主流社會的第一人。正念是佛法的基本修行「八正道」[4]其中一個道支，並非美國的主流價值，這樣推動正念，既是創舉，也是慈悲，更是擔當。自一九七九年迄今，曾接受為期八週正念課程的病患、醫師、醫學院學生、受刑人、警察、企業員工、學生及社會大眾，不計其數，其後世界各地有超過七百家正念減壓診所、無數的獨立課程等陸續成立，均援用他所創立的運作模式，「正念運動」於是蔚為風潮。

---

3 譯註：IMS（觀禪學會）是西方世界歷史最悠久且備受尊敬的禪修中心之一。一九七五年，一群年輕的老師——約瑟夫．戈德斯坦、雪倫．薩爾茲堡和傑克．康菲爾德——決定創辦一個禪修中心。在前一年中，他們四處旅行並教授禪修課程，而深刻認識到，一旦有了專門設施，定能提供更多支持，最終選定在麻薩諸塞州的巴瑞（Barre, MA）一處四百英畝的土地成立。

4 譯註：八正道為：正見、正思惟、正語、正業、正命、正念、正定。

正念固為佛法的心要，有其完整的修習次第，然而在道家、瑜伽、蘇非、梭羅、愛默生、惠特曼、不少原住民的思想中也有跡可尋，東西方的人們其實都不難在其精神傳統中找到連結。作者認為正念直指人心深處，絕非僅僅是兩千五百年前產生於印度、後來流傳於亞洲的一種修行方式，因此多年來，他一直致力於將正念融入現代生活。事實上，歷史已充分證明佛教高度的柔軟性、延展性和包容性，如同一塊布料，不管流傳到任何地區，都可以剪裁合度成為該地域文化的民俗服飾；南傳佛法、北傳佛法、藏傳佛法已是我們生活的一部分，如今作者所稱的美國佛法（American Dharma）也日漸成形。從本書現代而親切的語彙中，我們不但得以窺見歐美人士修學佛法的風格，又可透過不同的角度來透視本身原有的文化傳統，得到另一種滋養。本書初版於一九九四年問世，至今售出百萬冊以上，三十年後的今日，三十週年版問世，一再證明本書不僅躋身暢銷書之列，也算是長銷書了。在舉世滔滔奮力「外求」之際，這一本「內求」的書創出如此佳績，不可不謂奇蹟。

## 眼裡無塵，天地自寬

由於作者生長及習禪的背景，本書有語錄風格。他強調本書是獻給那些抗拒結構性課程、不喜歡乖乖受教、卻好奇並嘗試拼湊各方線索來探究正念的人們，因此他採用看似隨興的散文書寫，綴篇成章，將正念的面向一個接一個呈現出來，看似獨立，實則深層連結。

本書分為三大部分：第一部，說明唯有正念方能活在當下，並方方面面廓清正念的意涵，第

二、三部，則分別陳述正念的兩種訓練：嚴謹密集的正規禪修，以及較為放鬆的日常正念。

打一開始，他便揭露了一個令人震撼的事實：我們的生命常常為被動反應和慣性反射推得團團轉，鮮少直下承擔，而我們卻渾然不覺！唯有警醒並覺知當下，抖落「必須」、「應該」、「要是早知道」、「千萬別發生」種種多餘的概念，去塵除垢，才能飽覽生命的如實樣貌，連繫上自己的智慧和生命力，並重新掌握生命的方向和品質，這就是正念。舉例來說，我們在禪修中，可把入出息當做盟友，僅只細密感覺吸入和呼出的整個過程，根本不去記掛要到達哪種境地，入出息的緩急輕重自會反映身心狀態，它如錨索一般將我們在概念遊戲中玩野的心重新繫於當下。繫念入出息之際，我們同時也易於開發不假外求、當下即是、掌握剎那、保持單純、保有耐心、放下掙扎和抗拒、不加評斷、信任當下、慷慨寬容、不偽裝強人形象、自願簡樸、反觀自照和「無作為」（non-doing）等優質心境。這是第一部的精采片段。

## 道，在安坐蒲團中，在日常功用間

對於正式禪修，作者在第二部一一闡釋坐禪、行禪、臥禪（身體掃描）、就座、離座、坐姿及手印。他提出「尊嚴」一詞，尤為精闢，這可以取代許多細部描述，讓人從大方向來掌握內在感覺並在行住坐臥中具體顯現出來；此外，正念的開放多元必須配合專注力（定）封閉自足的能量以互補互利；也不妨運用假想觀以形象強化意象，如藉山岳的無可撼動、湖泊的深沉寂靜、樹木跟大地和空氣的親切連繫，還可觀想自身離世以便減除個人因素，進而更全面地觀照宇宙整體運作。這些均可將正念的豐厚度烘托出來。

畢竟，離座之後，生活仍然繼續，入出息也仍然繼續。禪修的體驗必須整合到生活之中，蒲團外的日用，才是正念的測試場。第三部中，作者發現行走荒原之際，不待思考，每一步即能自動落腳於最恰當的地點，證明我們天生即有正念能力。的確，一旦有了正念，令人反感的人事物原來不過是出自一己偏好的視角；憤怒原來可以當下暫停並抽絲剝繭；成長中的叛逆孩子原來是來到家中的禪修老師。正念每每將刻板庸碌的概念和情緒轉化為高度與深度，生命至此脫離被動和慣性的常軌，有了主動選擇！

正因為正念帶來嶄新的觀點和體驗，使我們覺知人與人、人與事物相依相存又密不可分，顛覆我們原本視萬事萬物為獨存、孤立、堅實不變的錯覺，進而停止「造我運動」，於是我們便攀爬到一個眺望的制高點，更能認識到萬事萬物和諧的整體性和蓬勃的個別性，也因此產生嶄新的行為方式。正念為我們揭去表層的恐懼和創傷、貪心和瞋心、妄想和執著，非暴力和慈心油然而生，包容著所有的人、時、地，所有的痛苦與和諧。

## 三十年後

譯者我有幸在翻譯生涯中兩度遇見本書：初版和三十週年版。兩版之間，架構沒有改變，可以推想是：作者原有深厚的禪修基礎，已掌握正念的本質，初版已忠實發揮完成。唯新版的文字增刪不少，首先，明顯可見更多的細膩書寫，對原本的內容有更淋漓的發揮，無疑反映出三十年之間的正念體驗和社會觀察。此外，也更明顯運用佛法相關的內容和詞彙，想是三十年間佛法又更為西方讀者所熟悉。有人可能要問了，作者不是說過正念、正念減壓課程都與宗教無關嗎？我們可以用作者自己的話來說明，他在最近一次訪談中[5]說道：「佛教傳統有趣的地方在於沒有一個至高無上的神（儘管佛教認為有眾神存在，那又是另一回事了），這便不同於以神為核心的宗教。佛教更像是一種科學探究，一種內在的探索，而這正是禪修的本質。你直接觀察自己內心的本質，開啟內在的能力，得以安住在純粹的覺知之中。」這番話美好地歸納出他在本書中如何定位正念與覺知。我個人也在多年策畫和教學正念有關課程的經驗中，更能體察並激賞作者文字背後的深意，尤其希望我能將作者深度的內容和行板般的文字，在中文的語境下傳達到位。

同時，作者也不諱言對於數位主控的世界有著憂心。的確，如今電子產品和數位內容背後看不見的手，如資本主義操作、注意力經濟、演算法下的選擇和無可選擇等等，正應驗了早在一九七一年認知科學家賀伯・賽門（Herbert Simon）所說：「資訊消耗的是注意力。資訊的豐富，意味著注意力的貧乏。」今日的人心只有比本書初版的年份、甚至是一九七一年，更數以千萬倍地「外求」，而且是外求成癮，整體社會似乎走向正念相反的方向，且行且遠。本書初版的挑戰是西方社會對正念的陌生和無從信任，而本書三十週版的挑戰極可能是人類越來越難以刻

5 譯註：見《獅子吼》（*Lion Roar*）雜誌主編對作者二〇二五年一月二十九日的訪談，題為 The Power of Awareness: Jon Kabat-Zinn in Conversation。

意專注、活在當下、不下衝動的評斷和結論。

## 當下，繁花盛開

正念既是覺醒的樞紐，無怪乎佛陀當年有這樣石破天驚的宣言：「此是眾生清淨，超越愁悲，滅除苦憂，成就正道，體證涅槃之唯一之道，此即四念處。」[6]然而正念基本上是溫柔、感謝和滋養，只是一場寧靜革命，無所謂衝撞和掙脫，也沒有受傷或失敗之虞。不過就是覺察到自己經常擅闖誤區：沉緬於回憶、懊悔於過去、憧憬於未來、害怕去承擔；經常打造一個與當下時空剝離的夢幻樓閣來禁錮自己；經常不由自主身心分家，「到了哪裡，人卻不在那裡」，在實境中缺席。如果面對種種心念和情緒，既不隨之起舞，也不強制驅離，只是觀照、覺知、放下，這樣一來，我們就從「失念」向「正念」開步走了。僅一念之遙，我們便可以置身此時此處，令當下如繁花一夕盛開。

---

6 譯註：見《大念處經》。其中「唯一之道」的原文為 ekāyana -magga，註釋書中有多種解釋，一說為單一且正直的道路，無有分岔，循此路可達解脫；一說為獨自履行的道路，無有同伴；一說為獨一無二者（佛陀）所行的道路；一說為佛陀所發現的道路，且只存在於他的正法律中，不在別處。向智尊者加上一說：此路只導向唯一目的地——涅槃。其中「四念處」是指正念觀照的對象只有四：身（身體）、受（感受）、心（意識的一般狀態）、法（現象）。

失了心的鴦掘摩羅後來停下來了，展開正念生涯，證悟了真理。
你停下來了嗎？

三十週年版・作者序

# 願你的正念修行不斷成長、綻放，滋養你的生命——致台灣讀者

喬・卡巴金

這本書對我具有非凡的意義，希望對你們也同樣重要。這不僅是原版的全新升級版，更是一份邀請，邀請你們將正念融入日常生活，並鼓勵你們深入探索正念，讓正念成為日常生活持續展開中的核心部分。正念不僅是一種修行，還是一扇通往全新存在方式的大門，這在今日可說是前所未見地重要——那關乎人類文明的存續。

你們一定早已深知當今世界面臨的各種全球性和地區性挑戰，更清楚其中的風險和希望，無須著墨過多。我的國家也是如此，其實全球各地的挑戰莫不日益加劇。然而，我堅信，人類終將學會、也必須學會，負責地自我管理，為了當下的每一刻、為了人類的未來、更為了有一個宜居的世界。

我們必須學著去認出自身本質的美、智慧和良善，並學著深掘自身最深處的慈悲和智慧，以此來守護這世界上最需要守護的事物——為了一切眾生，也為了這顆孕育生命的星球。就這一點

來說，每一個人都很關鍵。

願你的正念修行不斷成長、綻放，並滋養你的生命、你的工作和這個世界，在每一個當下、每一天。

喬・卡巴金

二〇二五年二月十八日

寫於美國麻薩諸塞州北安普頓

# 三十週年版導言

雖然這本書與正念科學或其臨床應用完全無關，但在過去的幾十年中，科學和醫學文獻一直廣泛引用本書，而且總是因為、僅僅因為此一特定的細節：即我在一九九四年初版中所提供的工作定義[1]，向毫無第一手正式禪修經驗的人——在那時，幾乎是人人——以行動來解釋正念是什麼。我所描述的正念是：**刻意在當下專注，並且不加評斷，而生起的覺知**。如果還有必要解釋**為什麼**要培養更多的正念，就可以再加上以下的句子（正如我在二〇一八年《禪修不是你以為的那樣》[2]一書的導言中所寫的）：「……為了智慧、自我理解，並認識到我們跟他人和世界本來便相互依存，因此，也是為了慈心和悲心。」格蕾塔·桑伯格（Greta Thunberg）[3]具有

1 譯註：管理科學術語，即在工作分解結構中，對可交付成果所產生的、必須進行的具體工作。

2 譯註：英文書名為 *Meditation Is Not What You Think: Mindfulness and Why It Is So Important*, Hachette, 2018。中文書名為暫譯。

3 譯註：生於二〇〇三年，是一名瑞典氣候行動家，曾因警惕全球暖化及氣候變遷等問題而在瑞典議會外發動「氣候大罷課」（Skolstrejk för klimatet），並在 COP24 上發言。曾被提名為二〇一九年諾貝爾和平獎候選人。也被稱為「瑞典環保少女」。

一種打動人心的天賦，我深受啟發，覺得大可把人類的覺知視為一種超能力，而我們身為人類早已擁有。但我們往往從未認識並利用這種超能力——主流文化中幾乎從未指導我們要如何獲取、如何體驗、如何利用正念。在這一方面，目前已有全球性的改變，而且相當快速，這是由於我們要實現「人」這個物種的全部潛力，並活得像我們給自己取的名字：智人（Homo Sapiens），也就是一種有覺知的物種，而且能覺知自己有所覺知——或者，可用更符合現代心理學的術語：覺知和超覺知（awareness and meta-awareness）。是時候該醒醒了，或許早已太遲。而且，正念只有在一種時刻才能實現，你能猜到是什麼時刻嗎？這是一個「全體出動，登上地球號太空船」的時刻——回到巴克明斯特．富勒（Buckminster Fuller）[4]在一九六九年左右所說，這句話可以說比以往任何時候都更符合時代。「法」（Dharma）[5]具有純粹性、複雜性和普遍性，在現階段對人類和地球的繁榮比已往任何時刻都來得必要。

二〇〇一年九月十一日，日本的原田禪師（Harada Roshi）正在他位於普吉特海灣的惠德比島（Whidbey Island on Puget Sound）的美國禪修中心授課。麥菈和我前一晚正巧在島上

4 譯註：理查．巴克明斯特．富勒（1895-1983），美國哲學家、建築師及發明家。眾多發明中主要是建築設計，最著名的是網格穹頂。

5 譯註：梵語 dharma，巴利語 dhamma。音譯為達磨、達摩、馱摩、曇摩、曇無、曇。在佛典中總括言之，可類別為任持自性、軌生物解兩個意義。就任持自性的意義而言，法是具有自性的一切存在；就軌生物解的意義而言，法是認識之標準、規範、法則、道理、教理、教說、真理、善行等。

主持一個「正念做父母」的工作坊。次晨，我們獲知當天的襲擊事件時，整個國家已陷入停頓。灰色的戰艦從霧中穿出，巡邏海峽。那天原田禪師邀請社區中一些人去該中心——這剛巧是人人想要的喘息時機，免得一遍又一遍地看著新聞中雙子塔倒塌的畫面。我們離開時，他送每個人一張圓相（Enso）[6]——用書法一筆畫出禪意的圓圈——海報，下方寫著一句英文：**千萬莫忘千年視角**（Never forget the one-thousand-year view）。儘管沒有明寫，但人人心知肚明這話是說：人們極可能不再有一千年。我們需要認識到我們身為人類的真實本性和潛力，這是前所未見地重要，也比歷來更獲好評，這是由於佛法的智慧在世界各地不斷擴散。而且現在網路普及，大眾也越來越容易接觸佛法。正念修行其實既是一種提供解脫的正式禪修，同時也是一種生命存在方式——也就是說，生命本身，以及我們如何一刻、又一刻、又一刻的生活，才是真正的禪修——其特質是無私的愛，同時呈現出人類所有最深層和最優秀的本質。

在我的用語中，「正念」是「覺知」的同義詞，就是這麼純粹簡單。然而，儘管這是我們與生俱來的權利，我們早已擁有，在此說個雙關語[7]：正念已經近在鼻下了，而我們幾乎沒有可靠的途徑來感知這種超能力。正念禪修是一種培養這種感知的方法，因此，「體現純然覺知或醒

6 譯註：圓相，是禪宗的一個符號，為用一筆就可以畫完的圓形圖案。常見於日本禪宗，又稱為「一圓相（一円相，いちえんそう）」、「圓相圖（円相図，えんそうず）」。

7 譯註：雙關語是：正念近在鼻下，呼吸也在鼻下（英文原文：It is our birthright, and right under our noses）。

覺」可以成為我們的預設模式、生命存在的基礎，並且是我們可以信賴的指南，指導我們如何在生活中盡一己所能來增進自己、彼此、一切眾生和世界的福祉，並減少妄想和苦難。

以下是禪宗修行傳承根源的一個小故事，讓我們略嘗非二元視角、純覺知的智慧，可深入並體現正念的理解，也就是：正念是什麼、又不是什麼：

惠能（638-713年）是位不識字的山野樵夫，嚮往佛法的開悟境界。青少年時期，他無意間聽到一位比丘[8]誦念《金剛經》，其中一句話立即觸動了他的內心：「應無所住而生其心」。有時也被翻譯為「應無所住處而生其心。」[9]他當場開悟，於是離家，前往禪宗五祖弘忍的寺院，在碓房內做卑微的舂米工作。八個月後，師父向千名僧眾宣布，將物色一位傳人，把象徵首座和智慧的衣缽傳承下去。他廣邀有意之士，在寺牆上發表他們對禪宗／佛法本質的理解，以便所有人都能領會其中的智慧。上座神秀是師父的弟子中最博學多聞的，僧眾一致認為他是唯一可能的傳人，他題了一首偈：

**身如菩提[10]樹，**
**心如明鏡台；**

---

8 譯註：原傳說為買柴的客戶。
9 譯註：前者出自鳩摩羅什譯本，後者出自玄奘大師譯本。
10 原註：菩提，意為「覺醒」或「正覺」。

時時勤拂拭，
莫使惹塵埃。

一位年輕的侍僧在打穀間的窗戶外念誦這些詩句，舂米人惠能聽到，立刻意識到意有未盡。由於他不識字，便央求此人把他帶到寺牆邊再念一次。隨後一位寺院執事路過，惠能便上前詢問，自己是否也能在牆上題一首偈。執事在驚訝之餘，同意幫他題壁。他的偈是：

菩提本無樹，
明鏡亦非台，
本來無一物，
何處惹塵埃？

不消說，他言簡意賅全面展示了他對所謂「我」的不二和空性的深刻理解，意謂在「名法」[11]和「色法」[12]之內，甚至之外，完全找不到一個固定的、獨立的、不變的實體。因此，這個卑微的舂米人自然繼承了衣缽，象徵以（覺）心傳（覺）心[13]，成為禪宗六祖，也是最後一

11 譯註：佛法中稱精神現象為名法。
12 譯註：佛法中稱物質現象為色法。
13 譯註：五祖弘忍說：「法則以心傳心，皆令自悟自解。」

位禪宗祖師。然而儀式必須祕密進行，沒有證人，因為即將退隱的弘忍知道，僧眾雖然修行慈悲心，卻仍心存嫉妒，恐有害於這位年輕人。惠能趁夜離開，不僅隨身攜帶了象徵傳承的衣缽，還帶上了無我執的純然覺知，換另一種說法，就是覺醒，這是禪修的心要——這種本質，超越了禪修在相對、世俗維度上，必然有**作用**、又受限於時間之內的層面。在這個層面上，你修習越多，就越朝著某個希冀的目標「前進」——也超越了禪修更重要的、非作用性維度，體現了覺醒天生本具並構成了人類覺知的真實本質。既無量無邊又永存永續，而且你已經擁有，因為它是身為人類的一個核心特徵[14]。這種非凡的禪修智慧傳承在中國持續了幾個世紀，因此唐宋時期的佛法發展蓬勃，並產生了地球上首屈一指的文化、藝術和哲學智慧的展現。隨著人們對正念燃起的興趣，這種禪宗的能量到今天仍然非常活躍，並在世界各地復興，包括當代中國。

最初，佛陀將正念描述為「直接通往覺醒的道路」，可解脫貪、瞋、癡，以及繼之而來的造我運動和痛苦。在接下來的閱讀過程中，你會讀到，也希望你能**感受到**這些紙頁正在傳遞這樣的訊息——從文字、字間、字裡和字面下的空間，直接進入內心——正念既是一種正式禪修，也是一種生命存在之**道**。

如果以下的內容對你有所啟發，我希望你能夠熱情迎接此處所描述的正念修行，全身心投入

14 原註：見 J. Kabat-zinn, "Two Ways to Think About Meditation – the Instrumental and the Non-instrumental, " in *Meditation Is Not What You Think*, Hachette, 2018, 49-53.

其中，並終身踐行，不僅是為自己，也為所愛的人，更是為了世界。你獨特而珍貴的生命持續展開之際，願正念將蓬勃的生氣賦予每一刻；生命不容錯過，也不容低估。

# 初版導言

你知道嗎？歸根究柢一句話：你到了哪裡，人就在那裡了；你做了什麼，最後就做成了什麼；你此刻在想什麼，心裡就有了**那**想法；你發生了什麼事，事情就已經發生了，木已成舟。但，重點是：你如何充滿智慧地與它相處？換句話說，「還能怎麼辦？」

無論你喜不喜歡，「此時此刻」是你唯一可以善用的時刻，可是我們太容易不經意過著日子，就一時忘掉我們置身**此處**——這是我們已經置身其中之處，而且我們正**置身於**已經置身之處。每一時，每一刻，我們都站在此時此地的交叉口，然而，當善忘的雲層瀰漫在我們的置身之處，我們便當場迷失。於是，「還能怎麼辦？」真成了大問題。

我所謂的迷失，是指一時與自己失聯，與所有豐富的可能性斷了線，反而墮入機械人式的眼見、心想、身做。在這種時刻，我們與內心最深處分道揚鑣，錯失原可成為我們的創意以及持續學習、成長、療癒大顯身手的機會。稍不留神，烏雲密佈的時刻會綿延擴散，籠罩我們大部分的生命。

無論置身何處，若真要跟自己置身之處連上線，我們必須停駐在此時此刻的體驗當中夠久，久到可以讓此時此刻充分滲入自己——久到確確實實可以**感受**此時此刻，完整地看到它，安住其中、掌握它，更親密、更激賞地深一步認識並了解它。到那時，我們才能接受生命當下的真相，從中學習，開步向前。可惜適得其反，我們往往全心投入已經發生的過去，或者尚未發生的未來，老希望另尋他處來安身，設想只有在那個地方，事情才會變得更加美好，更加快樂，更像我們想要的樣子，或者老樣子一成不變。大部分時間裡，我們對這種內在的張力，若說還有覺知（awareness），充其量也只有片面的覺知。此外，我們此生究竟怎麼活，又怎麼善用此生；我們對自己的行為，以及更微細的想法和情緒，如何影響我們看得見和看不見的、所做的和沒做的，也都只剩片面的覺知。

舉例來說，我們通常不自覺地假設我們正在想的事——在某一段時間心懷的想法和意見——是有關「外面」世界或內心「裡面」的「實相」。然而，大多時間其實並非如此。

我們不僅做出錯誤的假設而且不加檢驗，甚至還故意無視於此時此刻的豐美，因此付出重大的代價。這後果無聲無息地累積，給生命造成影響；我們若非渾然不知，就是束手無策。我們也許從未真正置身於所在之處，從未探觸過各種豐沛的可能性，相反的，我們將自己反鎖在個人虛構的場景中，以為我們已經知道自己是什麼樣的人，知道自己置身何處、要往何處去、知道自己正在經歷什麼——所有包藏於想法、幻想和衝動裡的，都是關於過去和未來、想要的和喜歡的、害怕的和不喜歡的等等，皆不斷延展，終至遮蔽了方向和腳下立足之地。

此刻捧在你手中的這本書，就是談如何從這類夢境和經常由其幻化出來的夢魘中覺醒過來。如果你甚至不知道自己正在作夢，就是佛教徒所謂的「無明」（ignorance），或「失念」

（mindlesssness），而「知覺」這種「不知不覺」，則稱為「正念」（mindfulness）[1]。要從這些夢境中覺醒，就是從事禪修——即系統化培育這種覺醒的境界——並培養當下的覺知。這種覺醒若與所謂的「智慧」——即更深刻地洞察因果以及一切事物相依相存的關係——攜手相隨，我們就不會陷在自己打造的夢境所編織的現實當中。若想找尋出路，我們必須多多觀照當下。當下是唯一可以活著、感受、成長和改變的時刻。我們必須多加覺察，並謹慎提防「過去」、「未來」的夾殺——如處在斯庫拉海妖和卡律布狄斯漩渦（Scylla and Charybdis）[2]之間，進退維谷——以及因此而打造出各種夢幻國度來取代現實生活。

提到禪修，有一個重點必須釐清，這不是一般流行文化以為的某種詭異神祕的活動，禪修不會讓你變成殭屍、自戀狂、專尚玄想清談，或是讓你脫離現實、迷信異端邪說、產生宗教狂熱、信奉神祕主義，甚至變成東方哲學家。禪修僅僅是做你自己，並且知道自己是誰。禪修讓你認識到：無論你喜不喜歡，你都已經走在道上，這條道路就是你的生命。禪修讓我們看到：我們所謂生命的這條道路是有方向的，它時時刻刻都在展現，而且當下此時所發生的事，會影響下一刻發生的事。

1 譯註：本書提及此一英文字彙時，意涵稍廣，同時包括佛法所稱的「正知」和「正念」。

2 譯註：斯庫拉是希臘神話中吞吃水手的女海妖，守護著墨西拿海峽的一側，船隻經過時她便要吃掉船上的六名船員。海峽另一側有卡律布狄斯漩渦。因此船隻經過該海峽時只能選擇經過此一漩渦或海妖的領地。

假如說此刻會影響下一刻，那麼不時環視一下，讓自己跟此刻發生的事接上軌，認清自己內在和外在的狀態，看清楚你實地踩著的道路和行進的方向，是不是很合理呢？這樣一來，你會為自己內在生命刻畫一道更真實的軌跡——一段「心」的道路，**你個人**的道路。若不然，你對此刻無知無覺的力道便為下一刻著了色，日復一日、月復一月、年復一年，歲月匆匆飛逝，你卻不予注意、不加利用、不曾珍惜。

我們太容易處在濃霧漫天、一路順坡滑進墳墓——要不然就是臨死前突然霧散雲消，清醒過來，發現我們這麼多年認為自己應該怎樣生活、認為什麼才重要，充其量不過是從恐懼和無明而來，而我們這些未經檢驗、畫地自限的想法，根本不是真理或生命之道。

沒有人能夠代替我們覺醒，雖然家人、朋友有時候會拼命想叫我們明白，幫助我們看清事實並突破僵化和盲目之處，但覺醒這回事終究只能靠自己來。歸根究柢一句話，無論**你**到了哪裡，**你**就在那裡了，展現出來的，是你的生命。

佛陀畢生致力教授正念，當時大概有些追隨者期望佛陀可以減少他們求道的困難，於是佛陀涅槃前這樣為弟子總結說：「汝等當成為自己的明燈。」[3]

---

3 譯註：經中的原文是：「汝等當依止自己。」意即依靠自己、依靠法——主要依四念處（正念）修行，不依靠這兩者以外的人事物。見《雜阿含經》卷二十四639經中，世尊告諸比丘：「我今不久，亦當過去。是故汝等當知：自洲以自依，法洲以法依，不異洲不異依。」又見《大般涅槃經》中，佛告阿難：「汝等當自為洲，汝等當自歸依，勿他歸依。當以法為洲，以法為歸依。」又見《大智度論》卷2初

當然，宇宙總是隨時可以跟你合作，來照亮事物的實相。但你必須成為自己的明燈。同時，雖然你有時會感到孤單，其實你並不孤單，你和所有生命一樣，與一圈一圈擴大的歸屬圈緊密相連。

我的第一本著作《正念療癒力》（*Full Catastrophe Living*）[4]嘗試讓主流美國人易於接受正念修行，並視正念符合常情常理，不致誤以為正念專屬於佛教或神祕主義。正念首重專注和覺知，這都是人類普遍的特質，可是我們的社會把這些能力視為當然，自不會加以系統化培育，以增長「自我理解」和「智慧」。禪修是一種過程，可以精煉我們的專注力，並學著安住在覺知中，日益熟練。因此可以把專注和覺知兩者實際應用在我們生活以及跟世界的關係上，並發揮療癒和轉化的潛力。

《正念療癒力》可視為這類的導航圖，正念減壓（Mindfulness-based Stress Reduction — MBSR）課程則是希望幫到正在面對生理或情緒痛苦、疾病，或承受過多壓力而身心失衡的人們，目的是敦促讀者體認到：若能專注於我們經常忽略的事，便有可能從這種直接體驗當中獲

品總說中，佛告阿難：「若今現前，若我過去後，自依止，法依止，不餘依止。」

4 譯註：全書名為 *Full Catastrophe Living: Using the Wisdom of Your Body and Mind to Face Stress, Pain, and Illness*，書名典故來自《希臘左巴》（Zorba the Greek），指家庭生活的悲歡起伏。中譯本《正念療癒力：八週找回平靜、自信與智慧的自己（卡巴金博士二十年經典增訂版）》，野人出版社，2013。

得真實的益處，包括增進生理、心理、人際社交的健康。這是由於我們把正念當作正式禪修和生命之道，並整合到我們的生活架構中。回顧一九七九年，正念減壓課程在麻薩諸塞州伍斯特市（Worcester, Mass.）的麻薩諸塞大學醫學中心（University of Massachusetts Medical Center）啟動，以當時美國和世界的狀況來看，我們希望美國人會普遍接納並堅持真正的終身禪修，幾乎是天方夜譚。然而，這一切確實發生了，如今正念減壓課程不僅在世界各地以實體和網路形式供人們參加。從一開始，我們的目標就是長期促進整個社會的健康曲線朝著更高的福祉、體現覺醒和茁壯成長的方向移動；正念減壓並非一種療法，而是一種國家乃至全球範圍的公共健康干預措施。當時，有些醫學界人士認為這簡直是無稽之談。然而，人們對生而為人的意義，所持的觀點和理解一直不斷擴展。在我看來，這種變化來得正是時候。

我並非主張將正念視為解決生命一切問題的萬靈丹或便利店，遠非如此。我並沒有任何神奇的解決之道，坦白說，我也不去尋求這種解決之道。整個生命是大筆揮就的，其中許多道路均可邁向理解、導向更智慧和更慈悲的生命。每個人在人生航道上的需要不同，自認值得追求的事物也不同；每個人必須規畫出自己的航道細節，以符合我們的準備程度以及我們追求的境地。

要開始正式禪修當然得做好心理準備。腳踏實地去踐行，需要時間；每天練習，需要下定決心，也需要相當的自律。你必須在人生最適切的時機走向它，在你願意仔細聆聽自己聲音、自己的心、自己的入出息（breath）時——單單為它存在，與它同在，不必跑到哪裡去，不必把事情打造得更好、更不一樣。這可是一樁艱鉅的任務。

我之所以有動力撰寫《正念療癒力》，是緣於多年親眼目睹許多人來到正念減壓診所，表示他們一開始是想改善自己的嚴重問題，然而，投入為期八週的密集訓練之後，便將這個念頭放到一旁，進行正念修行中所著重的：「打開心靈」並「仔細聆聽」的密集訓練，並因此在身心上產生了奇妙的轉化——等於門口擺上一張歡迎光臨的踏腳墊，也可以說，歡迎事物如實的樣貌，無論事物以什麼樣貌出現。

《正念療癒力》既為導航圖，就必須提供足夠的細節，使迫切需要的人得以仔細規劃專屬自己的航道，同時也必須傳達訊息給有嚴重醫療狀況、長期疼痛、為心理、生理、人際社交的健康影響所苦，以及處在各種不同壓力狀況下的人們。因此，該書必須包含許多廣泛資訊，如疾病和壓力、健康和療癒、正念科學，以及如何禪修並從事自律的正式禪修。

本書則有所不同，其獨特之處在於對正念禪修的本質和應用，提供簡易的入門資訊，無論生活中有無迫切壓力、痛苦和疾病，均一體適用，畢竟我們最終多多少少都有幾分類似的問題。本書尤其希望獻給那些抗拒結構性課程的人們，以及不喜歡乖乖受教卻好奇正念是怎麼一回事、嘗試自己東一點西一點拼湊線索的人們。

同時，本書也獻給已經開始禪修的人們，他們也是希望拓展、深化並加強決心，活出一個充滿覺知和洞察力的人生的一群人。在簡短的章節中，我聚焦於正念的真精神，包括正式的修行，以及將正念運用於日常生活所有層面的努力。每一章都是一份獻禮，都宛如瞥見正念鑽石多面體的一個切面。如稍事轉動這個多面體，會發現每一章都相互關連。有些切面看起來與其他切面有幾分神似，實則每一個切面都有所不同，而且獨一無二。

這項對於正念鑽石的探索，是獻給所有想在生命中畫下一道更清醒、更智慧的路徑之人，擴而大之，也是獻給希望造福更廣大世界的人們。你所需要的不過是願意寬大善待自己的精神，願意深入注視當下，無論當下以什麼面目顯現，並對所有可能性打開心門。

本書第一部探討了進行或深化個人正念修行的理由和背景，激勵你嘗試以多種不同的方式將正念帶入生活。第二部探討了一些正式禪修的基本面。正式修行係指在特定的時段內，刻意停止其他活動，進行特定的禪修，以培育正念，並以相對穩定和具身體現的方式進入覺知「空間」——騰出空間讓更高階的清明和平等心（equanimity）[5]出現。這裡強調「安於其位」，既是字面上，也是隱喻上的意思，無論是坐禪還是其他姿勢，都是在生活中為立場定調，最終都是極致的理智和愛的行為。第三部探討了正念一系列的應用和視角，並且最重要的是，強調生活本身就是真實的禪修。所有三個部分中的某些章節結束時，給出了明確的建議，在「請試一試」的標題下，指導如何將正式和非正式的正念修行融入生活，鼓勵你認真探索，也輕鬆嘗試。

本書的指導，足以支援個人獨立進行禪修，無需其他材料或支援。然而，許多人也發現，尤其是初學，各種音檔的引導有助於建立正式禪修的日常紀律，並有助理解指導內容，最終能夠掌

5 譯註：四無量心：慈、悲、喜、捨的修行，捨為最高階的修習，以不分別、平等心等視一切有情。這樣的轉變源自於對業緣果報的深刻觀察：「造作者是業的繼承者」。

握技巧並自行練習。也有人發現，即使在多年禪修後，偶爾使用禪修引導仍有幫助。最初，我們專門開發了一系列禪修引導（系列二），與本書配合使用，時長從十分鐘到半小時不等，可供初次接觸正式正念禪修的新手實驗各種方式，又可根據特定時間和地點來選擇正式禪修的時長。這些禪修引導有多種使用方式，包括JKZ禪修應用程式（JKZ Meditations app）中的「**日常生活禪修**」（Daily Life Meditations），或者各種下載，請詳見書末的參考資料。

## 第一部

# 此時此地如花盛放

惟我們覺醒之時，方是黎明。

———亨利・大衛・梭羅《湖濱散記》（Henry David Thoreau, *Walden*）

# 何謂正念？

正念是一種古來佛教徒的修行方式，卻與現代生活也息息相關。這種相關性，跟佛教本身或做佛教徒並沒有必然的關係，倒與覺醒、以富含動態且充滿創意的方式找到與自己、與世界和諧相處大有關係。正念也關乎檢驗我們是誰、質疑我們對世界的觀點和身處其中的定位，並對生命中每一豐盛時刻培養感謝之情。最重要的，正念關乎活在當下、認識並深刻地連繫上我們天生本具的心智和心靈，而且在這個時而瘋狂、時而痛苦的世界，成為一道清醒而良善的軌跡。

若以佛教徒的觀點來看，我們醒時的意識是不盡如人意的，既受限又有限，從許多方面來看，根本不像清醒，反倒更像夢境的延續。禪修能幫助我們從這種機械化又無知無覺的睡眠狀態醒轉過來，而探觸到生活裡自覺和不自覺的所有可能性。千年以來，僧侶、聖者、瑜伽行者、禪師，不分男女，都持續而有系統地探索這塊領域。在這過程中，他們所學到的東西，或許對全球人類都有深遠的裨益，因為這可對抗當前人類控制並征服大自然的一面倒的傾向，讓我們認識到人類是大自然密不可分的一部分。

數世紀以來，他們共同的經驗告訴我們，若向內探索、與人類最真實的本質為友——更精確說，我們審慎而系統化地觀察心智和心靈的本質——便能活得更知足、更和諧、更有智慧，在這個重要時刻，更能大大有益於他人、更廣大的世界和整個地球。這也提供一種世界觀，與目前主導西方思潮和體制的簡約主義和物質主義（reductionist and materialistic one）信仰[1]互補。事實上，這種世界觀並非「東方」或神祕論者所獨有。一八四六年，梭羅在新英格蘭地區，體認到我們凡俗心態中存在著同樣的問題，並極為熱情地寫下這不幸的後果。

正念一向稱做佛教禪修的心要，基本上，正念的力量來自修習和應用。在我的用語中，「正念」是「純然覺知」的同義詞。這是深刻而與生俱來的能力，你早已具備了，我們都一樣，或許更準確地說，我們本身**就是**正念，這是人類本質的基本元素。因此，無所謂獲得什麼，除了以發自內心的方式，自然融入覺知的廣袤空間。

我們可以生起覺知（我不會說「我們的」覺知，因為如說覺知可以占為己有，是既不精確，也不適宜的），如前所述：以特定的方式——刻意、當下、不加評斷——來專注。這樣的專注能立即生起覺知。學著「安住」或「棲息」於覺知，自然會帶來更大的幸福感、清明、慈悲、洞見、意義感，以及在當下體驗一種顯而易見的相依相存感，我們有時稱為「實相」[2]。

我們若以正式禪修，有系統地培育正念，將會醒悟到我們的生命僅能夠在一時一刻中展開。如果我們沒有完全活出這許許多多的一時一刻，不僅可能錯過生活中最珍貴的部分，也無法領悟到自身的成長和轉化可能有這樣的豐富和深度——通常就在下一刻——並隨之深刻接受事物的如

1 譯註：此處指將一切物化，也就是以追逐物質與感官享樂為人生要務。
2 譯註：實相的梵文原意為「佛之所悟」，係指一切萬法真實不虛的體與相。

實面目，這也是我對療癒的工作定義，這絕不是被動的妥協。

若對當下失去了覺知，無知無覺和自動反射的行為終究會引發問題。這些行為往往是由根深柢固的恐懼和不安全感所驅動，如果這些問題得不到接納和關注，日積月累，恐懼和不安全感往往越變越大，問題也會加劇，最終使我們進退失據、脫節。久而久之，我們會失去信心，自覺無法扭轉自己的能量，向更大的滿足和幸福前進，甚至無能追求更良好的健康，對更廣大的世界也失去了更深的意義感、連結感和啟動力。

正式的正念禪修和世間的正念生活，可提供一條簡單有力的路徑，讓我們擺脫困境，連繫上天生本具的智慧和活力，重新掌握生命的方向和品質，包括跟家人的關係、跟工作的關係，以及跟更廣大的世間和整個地球的相互關係，最基本的，還是我們每一個人跟自己「身為一個人」的關係。

掌握這條路徑的關鍵，在於審慎並明察，持續不斷地專注，欣賞當下，對當下培養一種親密感。這根源於佛法、道家、瑜伽，也蘊藏於愛默生、梭羅、惠特曼的作品中，以及美洲和世界各地原住民的智慧傳統中。與這種心態相反的，便是視生命為理所當然。

我們習於忽略當下，反而喜歡期盼還沒到來的，如此將直接導致我們對置身其中的生命之網普遍缺乏覺知，這包括不理解自己的心念及其如何影響我們的認知和行動。這嚴重限制了我們的觀點，看不見生而為人具有什麼意義，也看不見我們跟彼此和周遭世界是如何地相互依存。宗教向來是這類靈性框架下探詢的領域，但正念與宗教無涉，除了正念一詞最基本的意義是指嘗試去領會生命的奧義，並認識到自身與萬物充滿朝氣而緊密地關連。

我們若矢志以開放的方式專注——或許對自己經常墮入一己好惡、意見和偏見、投射和期望的獵爪之中，更具自覺——這樣便開啟了嶄新的可能性，有機會從長期的無知無覺的束縛中解放出來。

你可以將正念僅僅視為自覺的生活藝術，不必然是佛教徒或瑜伽士的專利。其實，你若對佛教略知一二，就會知道關鍵在於做自己，而不是去做你根本無法做到的那種人。基本上，佛教是連繫上你最深刻的天性，讓它從心中暢流而出，也是覺醒並如實看見事物。事實上，「佛」的字意就是指覺醒於實相的人，包括自身最真實、最深刻的本性之美。

因此，正念不會與任何信仰或傳承——無論宗教的或科學的——產生衝突，它也不向你推銷什麼，尤其不是推銷一個新的信仰系統或意識型態，它僅僅是一種務實的方式，經由觀察、探詢及正念行動的系統化過程，與生命的豐美搭上線。正念不會冷冰冰、純分析、毫無感覺，正念基本上是溫柔、感激和滋養，另一種看待它的方法是「全心全意」（heartfulness）。

＊

有位學生曾說：「我還是佛教徒時，父母和朋友都快抓狂了，一旦我成了佛陀，就再也沒有人會因此而不悅了。」

# 知易行難

修習正念雖然看似簡單，並不代表就很容易。正念需要精進和紀律，因為妨礙我們保持正念的力量——也就是說，我們慣性的無知無覺和機械化反應——極度頑強。因為它力量太強大，又難為意識所測知，所以我們必須有一定的內心投入和努力，方能持續以覺知觀照當下，並保持某種程度的正念。正念讓我們探觸到生命諸多層面，尤其是因慣性而忽視並錯失的部分，因此正念在本質上是很令人滿足的。

這也是追求覺悟和解脫的修為。正念是覺悟，因為我們將可以更清明地看到自己生活中失聯或不願注視的領域，因此獲得進一步的理解，這可能包括遭遇深度情緒——像是哀傷、孤獨、憂鬱、創傷、憤怒和恐懼——那些我們通常還沒能以覺知來觀照，並有意識地表達出來的情緒，這樣一來，便能跟它們友善相處並學著代謝他們，不致腐蝕我們的幸福感。正念也有助我們認識並欣賞常常沒來得及認識便迅速飄逝的情緒，像是喜悅、幸福、讚嘆和敬畏、平靜、快樂。正念也是解脫，因為它引領我們以新的方式安身立命，從無知無覺一再重蹈的慣性覆轍中解放出來。正念也賦予我們力量，因為這種專注可以疏通渠道，引來我們內在的創造力、思考力、想像力、清明、決心、啟動力、慈悲以及智慧的活水泉源。

我們生命中有一個明顯突出的特性：我們尤其沒能察覺，思路從未有一刻停止，這種連續不斷的思緒急流令內心無法平靜。而且，我們很少給自己空間，讓自己只是單單存在著，停下無時無刻的東奔西忙。這些行動往往是被驅使的結果，而非在覺知中主動承擔。流過心中的凡思俗念和衝動驅策著我們，那些念頭即使不像瀑布，也像彎曲的河道，當念頭帶我們前去本來無意前往的地方，或者我們根本搞不清楚將往何處去的時候，我們就捲入湍流，結果這些念頭便順勢把我們淹沒。

禪修意指學習如何從這急流中脫身，並坐在岸邊傾聽，從中學習，然後用這急流的能量指引我們，不讓它支配或囚禁我們。這個學習過程不會神奇地自行產生，它需要精進。努力培育更強大置身當下的能力，我們稱為**修習**（practice）或用更正式的說法：**禪修**（meditation practice）。你終將看到，真正的禪修與生命本身融於同一空間——這是與最珍貴、最容易錯失的事物所發展出來的愛情故事。

*

問：我如何才能解開完全在意識層面以下的內心糾結？

尼薩伽達塔（Nisargadatta Maharaj）答：與自己同在……注視日常生活中的自己；若你維持警醒的興趣，願意理解卻不加評斷，完全接受當下浮現的一切，只因為它就在那裡，這樣一來，你就可以讓深層浮到表層，運用有力的生命能量，豐富自己的生命和心識，這是覺知的偉大工作。進而，理解了生命和心念的本質之後，障礙便能移除，釋出能量。智慧是通往自由之門，警醒的專注是智慧之母。

——尼薩伽達塔《與物相應》（*I Am That*）

# 停下

人們常認為禪修是一種特殊的活動，這並不十分正確，禪修本質上即是單純。我們有時會開玩笑的說：「別光忙裡忙外，坐一下吧！」（Don't just do something, sit there.）[1] 但禪修也不僅僅是坐，它是停歇下來並活在當下，如此而已——不把每一刻都填滿。我們大部分時間都在奔波忙碌，你能稍停一下嗎？即使只一刻？能否就在當下**這**一刻？如果當真停下來了，又將如何？

不再忙裡忙外，至少暫時不，最好的方法就是：停住所有的「作為」（doing），暫時切換到「存在模式」（being mode），你現在就可以試試，想像自己是無量無邊、超越時間的覺知場域，找到身體重心，不費力地領略此刻的豐富性，不求情說項、不嘗試改變任何事物。此時此刻，發生了什麼？你感受到了什麼？看到了什麼？聽到了什麼？你是如何知道這一切的？

停下最有趣之處在於：你一停，人就在當下了，事情都變簡單了。從某種意義上說，有點像你死了，世界還繼續運轉。如果你真死了，你所有的責任、義務都一股腦蒸發於無形，殘餘的部分，就算沒有你，也自有結果，沒有人可以接管你獨特的生命計畫，它會隨著你的逝去而逐漸凋

1 譯註：人們本來常說的是：「別光坐著，做點事吧！」（Don't just sit there. Do something.）

萎枯竭，跟其他已逝的人一樣，所以你絕對不需要再擔心了。

如果真死了，也許就在這一刻，就算你認為你真的需要，也不再需要滑手機或使用其他電子產品，或注意力轉向做其他事了。也許你不需要拿起什麼來讀了，或多跑一趟哪裡，或發送一則簡訊、一封電郵。趁你活著的時候，在匆忙中「故意死去」幾分鐘，你就勻出了一些時間給此時此刻，像現在這樣對過去和未來「死」去一番，你反而更活起來了，同時認識到此時此刻是你——或我們所有人——唯一可用的時刻。趁還有機會，為什麼不安住其中，看看此時此地會展現出什麼？

這就是停下來的妙用，一點都不消極。當你決定要動起來，也是不同的動，因為你曾經停過。「停」實際上使「動」更生動、更豐富、更有層次；「停」有助我們以清晰的視角重新檢視自己的擔憂和不足之處。這提供了可靠、可信賴的座標系統，並在生命每一時每一刻的永恆瞬間展現時，給我們導航指引。

**請試一試**

一天之中偶爾停下來，坐下，覺知自己的入出息（也就是身體上呼吸的覺受最鮮明的部位），時間約五分鐘，甚至是五秒鐘。全然接受此時此刻，包括你現在的感受以及正在發生的一切。在這種時刻，切莫嘗試去改變什麼，僅僅呼吸並放下，呼吸並順其自然；讓自己死去，此時此刻便無須發生任何改變。在你的心智和心靈中，讓此一時刻原原本本如實存在，讓自己也原原本本如實存在。辨識出其實是身體在進行入出息，不是你。你更像是被呼吸，而不是你在呼吸，不管你認為自己是誰。腦幹、膈神經和隔膜在進行一場不停歇的交響樂，一天二十四小時，一週七天不間斷地維持你的生命，無論你在睡覺還是醒著。因此，你可以完全投入，體驗這次入出息進出身體的實際感覺中，全都自行發生，不需要費力呼吸。

然後，一旦萬事俱備，就朝向你心所吩咐的方向行進，正念而果決。你可能不時會注意到，入出息也亦步亦趨與你同行。

# 當下即是——真實接納的意義

《紐約客》（*New Yorker*）雜誌刊登過這麼一則漫畫：兩位著僧袍、剃光頭的禪師，一老一少，在地板上並肩結跏趺坐，年輕的那位面帶迷惑地望著年長的，因為年長的說：「無須外求，當下即是。」（Nothing happens next. This is it.）

真是這樣。一般而論，我們一旦承擔起什麼事，期望看到自己所付出的努力能開花結果是再自然不過了。我們想看到結果，就算只是一種愉悅的感覺也好。僅有的例外就是禪修，禪修是唯一刻意的、系統化的人類活動，基本上並**不**求改進自己，**不**求達到哪個境地，只是如實認識當下的你，就接受這一刻的自己——把**當下**畫成重點。禪修的價值也許就在於此，也許我們在生命中至少需要別無所求地做一件事，單單就為這件事本身而做，不為別的。

然而，稱禪修是「做」、「作為」，也不夠精確，更準確地說應該是「存在」。一旦了解「當下即是」，我們便可以捨下過去、未來，醒悟到在當下、此時此刻我們是誰，而且就算很困難、很痛苦，我們多少能還與自己自在相處。為什麼呢？因為事已如此，就如其所是。儘管情況可能令人不快、孤獨、可怕，甚至更糟，但你會看到，我們確實仍有啟動力，來決定如何採取行動，尤其是智慧的行動，而這種智慧的行動有時看起來像無足輕重。接受事物本來面目是一種智慧，這與投降、被動的妥協或絕望無關。我們若能覺知自己可以承受不想要的、不愉快的、困難的，甚至是令人恐懼和心碎的事物，這就提供了嶄新的自由度，於是我們能睿智地與現實相處。覺知在本質上既是庇護所，也是力量和理智、智慧和慈悲的源泉，包括對我們自己——這種難免脆弱又易受傷害的生物懷著真摯的慈悲。

人們通常難以立即明瞭這回事；他們從事禪修只是想到達某種境界、得到愉悅的結果、放鬆、體驗特殊境界、成為更好的人、減少或超越壓力和痛苦、打破舊慣性模式、得到解脫和開悟。這都是禪修的好理由，但若你期待只要透過禪修，就會產生上述種種結果，同樣也潛藏著問題，你便會不由自主地想追求「特殊體驗」或找尋進步的跡象，要是短時間內沒什麼特別感受，你可能會開始動搖，或者懷疑你是否「做對了」。

在大部分學習領域中，這都無可厚非，當然遲早總要看到進步，才會有動力繼續努力；但禪修不同，從禪修的觀點來看，每一個境界都是特殊境界，每一個時刻都是特殊時刻。

一旦此時此刻我們不再想要促成什麼事發生，就邁出了深遠的一大步，能夠面對此時此地了。不論我們想去哪裡或想如何開發自己的潛力，只能從自己當下站立之處出發，如果連自己所在之處都不知道——「知道」是指藉助培育正念而建立的非概念知見——縱使有再多努力和期望，我們還是只能原地打轉。因此，在禪修中要達到某種境界的最好方法，就是根本不求不想任何境界。

＊

若無閒事掛心頭，
便是人間好時節。

——無門慧開禪師

**請試一試**

不時提醒自己：「當下即是。」看看有什麼事是這句話用不上的。提醒自己：如實接納當下，而不是你想要的當下，這絕非面對發生的事認命，而是意謂清清楚楚認識到並承認**正在發生的事發生了，而且發生過的事已經發生了**。接納當下不會告訴你下一步該怎麼做。你必須對當下有所了解，才可能知道接著會發生什麼事，你又會選擇如何處理。你可以試著實踐「當下即是」的深刻智慧，並看看這麼做會影響你選擇如何繼續或如何反應嗎？你能否真切反思**這**或許會是你生命中最美好的季節、最美好的時刻？果真如此，這對你有什麼意義——就在此刻？

# 掌握一時一刻

掌握每一時刻最好的方法是專注，這就是培育正念的方式。正念是保持醒覺，知道自己在做什麼、想什麼。但舉例來說，只要我們一開始關注內心活動時，往往很快又回到不自覺的狀態，墮回無知無覺的自動駕駛模式。這種覺知的中止，往往是由於我們不滿意那個時刻的所見所感，而期望事情會有所不同、有所改變。

你自己就可以輕易觀察到心習於逃離當下的習慣，因為只要將注意力固定在任何一個目標上，即使時間極短，你都會發現，要培育正念，必須一次又一次地保持自己的醒覺（awake and aware），也就是提醒自己去觀照、去感覺、去體會存在，把思緒中迷路的心一再帶回來。時時檢查，在無始無終的時時刻刻中，保持覺知，置身此地、當下，在當下……還在當下……就那麼簡單。

**請試一試**

此時此刻問問自己：「我醒著嗎？」「我的心現在在哪裡？」「我又怎會知道這一切呢？」

# 繫念入出息

最好讓你的注意力有個聚焦的目標，像有個錨索把你繫於當下，心一旦野了，錨索還可以帶自己回來。入出息是最適合這個任務的，可以當我們真正的盟友。我們覺知著自己的入出息時，就是提醒自己已然置身此時此處，於是我們便能完全清醒地面對當下展現的一切。

入出息有助於我們認識並安住每一時每一刻，而許多人竟茫然不知此事。畢竟入出息一直都與我們同在，就在鼻下，你大概不曾想過它有一天還多少能派上用場吧？我們不是有這種說法：「我簡直連呼吸的時間都沒有」（或者說「喘口氣的時間都沒了」），這就在暗示著：時間和入出息可以很有趣地連結起來。

若要以入出息滋養正念，只需把專注調頻到入出息的感受……感受這一息進入身體，這一息離開身體，如是而已。只是感覺入出息，並知道你在呼吸。這並不是說你要深呼吸或控制呼吸，或者努力捕捉什麼特殊感覺，或者不停懷疑自己有沒有做對，也不是一直想著入出息。一切只是純然覺知呼吸的進出。

每一次練習不必花很長的時間。用入出息將我們帶回當下，一點都不費時，不過是轉移一下注意；只要給自己一點時間，串起覺知的時刻，一呼又一吸，一時又一刻，前方會有壯麗的奇遇等著你。

**請試一試**

入息時，與一個完整的入息同在；出息時，與一個完整的出息同在。只為此時此刻、只為入出息，保持心的開放和自由。放棄所有想要到達哪個境地、想要哪件事情發生的念頭。心念迷路時，不斷帶心回到入出息的感受，一呼又一吸，串起正念的時刻。當你此刻展讀本書時，不妨試著偶而這樣練習。

*

喀比爾（Kabir）說：弟子，告訴我，神是什麼？
祂是所有呼吸中的呼吸。

——喀比爾

## 修習，修習，多修習

堅持不懈有助於修習。一旦你與入出息成了好友，你會馬上發現，無所覺知（unawareness）隨處可見。入出息會告訴你：無所覺知不但經常與這塊身心領域同在，它本身**就是**這塊領域。專注修習入出息時會一再發現，再怎麼努力想跟呼吸出入身體的感受同在，也很難做到。很多事會過來干擾，將心念捲走，阻撓我們專注，我們於是看到這麼多年下來，心念變得雜亂無章，宛如一間堆滿盒子、袋子和歷來累積的廢物的閣樓。不過，光是察覺到這個事實，就是往正確方向跨了一大步。

# 修習不是排練

我們雖以「修習」來形容正念的培育，但它並不意謂重複排練，求取進步，以便在演出或競賽時，一舉取得最佳的表現。

正念修習是指我們矢志與每一時刻同在，沒有「演出」，只有此時此刻。不冀求改善自己或達到哪個境界，甚至不追求特殊的洞見或展望，也不強迫自己不加評斷、平靜或放鬆，當然更不會鼓吹自我意識、自我中心或反芻著你做錯了什麼或生命中錯失了什麼；相反的，我們邀請自己儘可能以全然的覺知，來銜接此時此刻，接納事物如實面目，並發掘、發現、恢復本有的平靜、清醒、清明和平等心，這些都已然潛藏在我們的體驗中，就在此時，就在此地。

當然，只要我們持續修習，堅定而溫柔地精進，就會自然開展出平靜和清醒、清明和平等心，並持續深化，這是由於你決心安住在內心的寂靜中，而且能觀察卻不回應、不評斷（同時認識到我們有很多反應和評斷上演，並認識到我們不必對這種次生反應又做進一步評斷或反應，使事態複雜），領悟和洞見、靜止和喜悅的深刻體驗終會到來，然而若說我們是靠修習而令這些體驗發生，或者說體驗多比體驗少來得好，就不對了。

正念的精神在於只為正念而修習，然後接納每一個到來的時刻——無論愉悅的、不愉悅的、好的、壞的，還是醜陋的——然後無論什麼出現，都歡迎並加以觀照，因為這就是當下的樣貌。

用這種態度，生活本身就成了修習；於是，與其說你修習正念，不如說正念調教你還正確些，或者說，生命本身成了你的禪修老師和指導者。

# 修習無須刻意為之

亨利．大衛．梭羅在華爾騰湖畔度過的那兩年，是一場正念的個人實驗，他選擇做個冒險，讓自己沉浸在此時此刻的奇妙和簡樸中。但其實你不必特意尋找特別的地方來修習正念，只消在生活中勻出一點時間練習靜止和所謂的「無作為」（non-doing），然後調頻到入出息。

整個華爾騰湖就在入出息之間，四季奇妙的變化就在此地，而此時，也在入出息之中，你的父母和子女、你的子孫和朋友皆在入出息之中。你的短處和成就在入出息中。你整個身心也在入出息中，入出息是連繫身、心之流（current），連繫我們和萬物之流，連繫自身之體和外界之體之流。入出息的感受是流經我們的生命之流。流中除金魚外，別無他物。我們只需要能透過覺知的透鏡觀看即可。我們始終擁有那片透鏡，就看我們用不用它。

*

時間不過是供我垂釣的溪流，我啜飲其中；但，我飲時，看到沙質的河底，發現溪水是多麼的清淺，它細弱的水流潺潺而逝，但永恆長駐。我願飲向更深處；在天穹垂釣，天底滿綴鵝卵石般的星辰。

——梭羅《湖濱散記》

＊

在永恆中確實存在真實與莊嚴的事物，但所有這些時間、地點與場合都在此時此處。連神本身也在此時此刻達到至高無上，縱令一切時代消逝，亦不可能有比此刻更神聖的了。

——梭羅《湖濱散記》

# 甦醒

每天挪出些時間從事正式禪修，並不代表你就不能再思考了，或是不能再跑東跑西，把事辦妥。禪修僅僅意謂你更清楚自己在做什麼，因為你曾經有一段時間停下來，去注視、傾聽和理解。

梭羅在華爾騰湖畔看得非常透徹，他在書末寫著：「惟我們覺醒之時，方是黎明。」如果我們要趁還有生命可用之際，理解生命的實相，就必須在每時每刻中甦醒過來，否則，所有日子，甚至整個生命，就會在不經意、未安住、未領悟之中溜走了。

叫醒自己的一個務實方法是偶爾注視他人，並自問你是否真看到他們，或只看到自己對他們抱持的想法。有時候我們的想法像夢幻眼鏡，一旦戴上了，我們便會看到夢幻子女、夢幻丈夫、夢幻妻子、夢幻伴侶、夢幻職業、夢幻同事、夢幻朋友，我們為夢幻的未來而活在夢幻的當下；我們如果無知於此，就會為每件事上色，將自己的想法套在每件事上。儘管夢中的事物或許會變化，給人一種真實鮮活的錯覺，但其實我們還是身陷夢境；如果我們摘下眼鏡，也許，只是也許，我們可以更準確看到此時此地展現的實相，更能傾力置身當下並具啟動力。

梭羅感到有必要離群索居一段較長的時間（他在華爾騰湖畔待了兩年兩個月）。「我到森林去，因為我希望過有自覺的生活，僅僅面對生活中最基本而必要的事實，看我能否學到生活所教我的，而不至於在臨死前才發現我從未活過。」

他最深沉的信念是：「若能把一天的質地加以改變，這乃是至高的藝術。……我還沒遇見過一個十分醒覺的人，我如何能夠與他對視呢？」

**請試一試**

不時問自己：「我現在醒著嗎？」

*

我的內心，聽我說，
最偉大的靈性，
導師，就在左近，
醒來吧，醒來吧！
直奔他腳邊——
他此刻正站在你的頭頂，
你已沉睡千萬年，

何不就在今朝醒來？

——喀比爾

# 保持單純

如果你決定要禪修，不必告訴別人，也不必談論為什麼要禪修或禪修帶給你什麼好處。事實上，談論這些只是浪費你剛萌芽的修行能量和熱情，也阻撓你精進努力，以致無法累積動能。所以，禪修最好別廣為宣傳。

每當你有強烈衝動想要談論禪修，不論是說禪修多麼美妙或多麼不易，或是禪修最近帶給你多少好處，或沒帶給你什麼好處，甚至是辯論禪修不是什麼什麼，還是企圖說服別人禪修對他們一定也很好。這種時候，試著單純地去注視這股衝動，你會發現其實是自己念頭太多；回去多多禪坐，衝動就會過去，這樣對每個人都更好——尤其是你。如今社交媒體風行，這種情況更普遍了。有些事擺在心裡就好，尤其是萌芽階段，譬如開始修行的頭二、三十年。

# 雖停不住浪，卻可以學衝浪

一般觀念中，禪修是將擾人的外界和內心壓力封鎖起來或拒於門外的一種方法，這印象並不正確。禪修既不隔絕也不封鎖，而是清楚分明地看見事物，重新定位自己跟外界和內心的關係。

前來我們醫院正念減壓診所的人們很快便學到：壓力是生命中無可逃避的一部分。我們若能做出睿智的選擇，就不會把事情弄得更糟，從而明白生命中有很多事只能稍加掌控或完全無法掌控。壓力是生命的一部分，是生而為人的一部分，也是人類處境的本質，但這並不意謂我們在大大小小、甚至艱難並撕裂的壓力下，只能做個受害者。信不信由你，我們的確可以學著刻意貼近壓力、與壓力為友、處理壓力、理解壓力、從中發現意義、做重要抉擇，並運用壓力的能量來增長我們的意志力量、智慧、慈悲。願意接納並處理現狀，即是禪修的核心。

有個方法可以讓你想像正念如何運作：想像你的心念是湖泊或海洋的表面。水面總有波浪，時大時小，有時小到難以覺察。波浪因大氣條件而起，風來了又去，有不同方向和強度，一如我們生命中的壓力和變化之風，掀起內心的波瀾。

不熟悉禪修的人往往以為：禪修是種特殊的內心操作方式，能夠神奇地抑制或完全壓制內心波幅，使心念的表層平坦、寧靜、和緩。但是，正如你不可能在水面上放塊壓克力板來減弱風浪，同樣地，你也無法以人為方式壓制內心的波動，來獲得平靜。即便只是試一下，都是徒勞，這樣只會增加緊繃和內在掙扎，而得不到平靜。這倒不是說平靜不可得，而是說不可能藉由壓抑內心的自然活動來得到平靜。

你可以在禪修中找到庇護，或者說，找到皈依，來躲避經常擾動心念的風浪和天候模式。隨著時光推移，大部分的狂風巨浪會因為缺乏持續餵養而止息，但生命和心念之風終會又起，我們盡力而為吧！禪修正是去了解這整個領域，以及如何睿智地處理它。

多年前，當時年逾七旬的瑜伽大師沙吉難陀（Swami Satchitananda）有一幅海報，精確地捕捉到修習正念的真精神：在夏威夷海灘，他蓄著全白的鬍鬚，穿著飄逸的長袍，站在衝浪板上衝浪，海報上有個標題：「你雖停不住浪，卻可以學衝浪。」（You can't stop the waves, but you can learn to surf.）

我在本書初版中引用大師的箴言，三十年之後，這句話常常歸到我頭上來。雖然我只是引用他人，然而在二〇〇二年用谷歌搜尋，有六百萬條目顯示是我說的。在數位宇宙之內，資訊來源的準確性多難說啊。

# 誰都可以禪修嗎？

這個問題我經常被問到，我懷疑人們這樣問時，其實是認為：誰都可以禪修，唯獨自己不行。他們需要再一次確定，他們並不孤單，還有別人也跟他們一樣，有些倒楣鬼天生就沒法兒禪修。但，事情可沒那麼簡單，也根本不是那樣。

認為自己不能禪修，就像認為自己不能呼吸、專心或放鬆一樣，但幸好大部分時間幾乎每個人都可以輕輕鬆鬆地呼吸，輕鬆到我們簡直把這不費力的呼吸奇蹟當做理所當然。當然。只要情況適當，也幾乎每個人都可以專注、放鬆。然而，要把這些天生的能力穩定下來並隨時可用，確實需要一定程度的訓練。正式而固定的禪修是一種訓練心智的方式。事實上，一些傳承就直接稱為**練心**（mind training）。你也可以說這是與心為友，熟悉它的慣性和能量。你還可以視為**馴服**心。時值今日，只要借助應用程式和 YouTube 影片，你大可自行從事規律的日常修習，當今有數以百萬計的人們，就這樣支持自己在持續的修習道途上滑翔。

人們常將禪修跟放鬆或必須達到、體驗某種特殊境地混為一談；所以，一旦試了一兩次，卻沒到達什麼境界，或沒什麼特別感覺，就會認定自己是沒法禪修的人。

然而，禪修完全不是要出現特定的感受，而是要感受當下所感受到的一切，並在當下覺知你在感受；禪修也不是使心念空掉或靜止；當然，在禪修中，內心的寂靜（stillness）會逐漸深化，而且可以有系統性地培育。總之，禪修最重要的是讓心念如實存在，並知道**如何**成為此時此刻的這個狀態；禪修也無關乎到哪裡去，或追求某種「正念境界」（其實並不存在），而是關乎允許自己待在你已然置身的地方，做你已經成為的人，而且暫時這樣（for now）就夠好了（再次強調，故意用雙關語[1]）。如果你不明白這一點，便會以為自己天生便無法禪修，但那不過是多慮，而且完全是錯誤的思慮。

真是這樣，從事規律的正式禪修的確需要精進和堅持下去的決心，可是，若說「我不想一直坐下去」不是比「我不能禪修」更精確些嗎？事實上，任何人都可以坐下來，專注於入出息或心念，何況你還不必坐下，你可以走動、站立、躺下、金雞獨立、跑步或沐浴。然而保持這狀態，即便只是五分鐘，也需要刻意而為。所以，若要禪修成為生活的一部分，多少需要一些自律，而當有人說自己無法禪修，其實是說他們不願騰出時間禪修；或者他們試了，卻不喜歡而且感到受挫；認為那不是他們所找尋或希望的，又或是沒能滿足他們的期望。所以，也許他們應該再試一次，而且放下所有期待，僅僅專注於在覺知空間內所展現的一切，完全不加評斷。

1 譯註：雙關語是：暫時這樣（for now）和當下（now）。

# 頌讚無作為

如果你坐下來禪修，就算只是片刻，也是一段「無作為」（non-doing）的時光。請注意千萬不要將這種無作為當成「不作不為」（doing nothing）的同義詞，兩者相差了十萬八千里。無作為的重點在於自覺和意向，事實上，這正是關鍵所在。

表面上，無作為好像有兩種，一種是不做外在的工作，另一種是從事所謂自然不費力的活動，我們常將這兩種無作為看成同樣的事，其實要看內在的經驗才算數。所謂正式的禪修，是在一段時間內刻意停下所有外在活動來培育內心的寂靜。除了完全與自己同在，沒有別的盤算，不做任何事，這樣無作為的時刻也許是一個人所能給予自己最好的禮物。

梭羅會坐在門口個把小時，他看著太陽一路橫越天空，光影產生幾乎難以察覺的微妙變化時，僅僅注視著、僅僅傾聽著。

*

有那麼些時候，我捨不得將當下如花盛放的時光犧牲在任何工作上，不論是腦力的工作，還是雙手的工作，我喜歡給生活留出很寬裕的餘地。有時候，在夏日清晨，照例晨浴之後，我會坐在陽光明暢的門廊，從日出到正午，忘我於沉思之中，在松樹、山胡桃和漆樹之間，在未經干擾的獨處和寂靜之中，那時鳥雀在周圍鳴唱，或無聲地飛掠屋宇，直到夕陽從我的西窗斜照進來，或者遠處公路上旅人蓬車發出轔轔聲音，我才察覺時間的流逝。在那些季節裡，我如同玉米在夜間加速成長，這遠比雙手所能完成的工作豐富得多了。這不是從我生命減去了時間，而是在我的時間中額外的贈禮。我了解到東方人所謂的靜觀和無為的含意了。大體上，我在乎的，不是時間如何流逝。晝日向前挪移，彷彿是為了我的工作照明；剛剛是早晨，可是你瞧，現在已是晚上了，我沒完成什麼值得大書特書的事，我沒像鳥雀啁啾，只是對自己這連綿的幸運默然會心微笑。如同棲息在門前山核桃樹上的麻雀顫音鳴唱，我也低聲輕笑鳴囀，麻雀或許從我的巢聽到了。

——梭羅《湖濱散記》

## 請試一試

在生活中，在任何時刻、每一時刻，甚至在每日禪修中，請試著辨識出生命中如花盛放的此時此刻。要是你一大早起床，如果可以，請試著走到室外，注視（一種持續不斷、具足正念、專心一意的注視）星辰、月亮、雲彩，看黎明曙光的來臨，或感受（一種持續不斷、具足正念、專心一意的感受）空氣的冷冽或溫暖，知道周遭的世界正在沉睡。當你望著星星，請記住你在回望數百萬年前的光芒。在此時此處，過去就是現在。

接著你開始禪修，坐下或躺下皆宜。在此時或往後修習的時刻中，放下所有的作為，轉換成為單純的存在模式，僅僅安住在覺知本身，具足正念安住於寂靜，專注於每一時每一刻間所展現的當下，不去增加什麼，也不去減少什麼，然後肯定地告訴自己：「當下即是。」

# 無作為的吊詭

美國人很難領略無作為的滋味和全然的喜悅，因為美國的文化十分看重「作為」、「辦妥」、「超前」和「進步」的價值，甚至閒居的時刻也顯得忙碌、失念。無作為的喜悅在於不需要再刻意造作，使此時此刻圓滿；而透過從中生起的智慧和隨之而起的平等心，我們會知道水到自然渠成。

當梭羅寫著：「剛剛是早晨，可是你瞧，現在已是晚上了，我沒完成什麼值得大書特書的事。」對積極追求、進步導向的人來說，這些話無異在鬥牛面前揮舞紅布般地挑釁，但誰敢說梭羅在家門廊坐一早上的領會，比起終生忙碌、不懂領略寂靜滋味和此時此刻如花盛放的人，更不值得珍視、更沒有價值或功德[1]？

梭羅所唱的歌，在當時值得一聽，如今更是。直到今天，他還在對願意聆聽的人述說：應該傾聽靜觀修行的重要性，不執著於任何結果，而唯有生命全然的喜悅，這一切「遠比雙手所能完成的工作豐富得多了」。這個見地讓我們想起老禪師說的：「呵呵，老僧河畔販水四十載，無何功德。」

1 譯註：佛教稱功業和德行為「功德」。

這可充滿了吊詭，你唯一能做的有價值之事，就是從「無作為」中讓功夫自然產生，別管它實用與否，否則自我中心和貪婪便會悄然扭曲你跟「無作為」的關係，甚至影響到這項工作，或運作本身，就算運作得不錯，還是可能會有所偏差、充滿偏見、染污，即使有價值或功德，也終究無法令人完全滿意。偉大的科學家明白這種自我投入和貪婪的心態，於是防著不讓它近身，因為這種心態會抑制創造過程，扭曲我們的能力，無法看出至今無人看得見的事物之間的連繫；這些連擊有時稱為突破性的洞見，或突破性的時刻，都是不可能勉強出來的。

# 行動中也能無作為

無作為可以在行動中發生，也可以在寂靜中。「作為者」的內在寂靜和外在活動合一之際，行動便自行發生了，自然又不費力，也不勉強；不是意志的趨使，沒有小鼻子小眼睛宣稱「作為者」是「我」（I, me）或是「我的」（mine）；也不要求有什麼成果，然而卻能面面俱到，無所不為。「無作為」是駕馭任何技藝的基石，以下是中國第三世紀的一個無作為的經典宣言：

文惠君的廚子要支解一頭牛。
手所觸，
肩所憑，
腳所踩，
膝所抵，
牛的皮骨相離了，
以明晃晃的刀奏出輕聲，
如微風，
速度的節奏！時間的控制！

如神聖之舞，
像《桑林》之舞，
像《經首》之樂！

「做得好！」文惠君讚不絕口，
「技術無懈可擊！」
「技術？」廚子說，
將刀置於一旁，
「我追隨的是道，超越所有技術！

「我最初支解牛，
看到在我面前是整頭牛，
整頭牛渾然一體。
三年之後，
我不再看見整體，
只看到筋骨脈絡的結構。

「但如今，我視若無物，
我整個生命
領悟了，
我的感官作用蟄伏不起，只有心領神會，
不必計畫，自由運作，
跟隨它自然的紋理，
自有方向。
在隱密的空隙，隱藏的縫隙，
刀自己找到路徑，
我既不割筋，也不砍骨。……

＊

「我的刀鋒只在牛身上的筋骨縫隙中遊走；
刀鋒既薄且銳，
這鋒利，
找到骨節空隙處，
就只需要這一點空間！

如微風！
因此這刀陪我十九年，
仍如剛磨出來一般鋒利！

「的確，有時會碰到筋脈結聚的困難之處，
我知道它們來了，
我放慢下來，目不斜視，
端身止住，刀鋒幾乎看不出挪移，
重手一下！牛便被支解開來，
如土崩石落。

「然後我收刀而立，
在工作的喜悅中
浸淫，
我把刀刃擦拭乾淨，
收好。

文惠君說：
「這就是了！廚子教了我
應當如何活出
自己的生命。」[1]

——《莊子》

1 譯註：見《莊子．養生主》，全文為：
庖丁為文惠君解牛，手之所觸，肩之所倚，足之所履，膝之所踦，砉然嚮然，奏刀騞然，莫不中音，合於《桑林》之舞，乃中《經首》之會。
文惠君曰：「嘻！善哉！技蓋至此乎？」
庖丁釋刀對曰：「臣之所好者，道也，進乎技矣。始臣之解牛之時，所見無非牛者，三年之後，未嘗見全牛也。方今之時，臣以神遇，而不以目視，官知止而神欲行，依乎天理，批大郤，道大窾，因其固然，枝經肯綮之未嘗，而況大軱乎？良庖歲更刀，割也；族庖月更刀，折也；今臣之刀十九年矣，所解數千牛矣，而刀刃若新發於硎。彼節者有間，而刀刃者無厚；以無厚入有間，恢恢乎其於游刃必有餘地矣。是以十九年，而刀刃若新發於硎。雖然，每至於族，吾見其難為，怵然為戒，視為止，行為遲；動刀甚微，謋然已解，如土委地。提刀而立，為之四顧，為之躊躇滿志，善刀而藏之。」
文惠君曰：「善哉！吾聞庖丁之言，得養生焉。」

# 行出無作為

無作為不但跟怠惰或消極毫無關係，事實上還剛好相反。無論在動靜之中，培育無作為都需要極大的勇氣和精進。面對生命中諸事倥傯，還要找出一段時間來無作為，並保持這樣的紀律，也絕非易事。更不用說我們的指尖上和耳機裡的分心之事，除非把耳機取下來。

然而對一心總想完成任務的人，無作為也不必然是一種威脅，他們很可能練習了無作為後，反而發現做了更多、做得更好。無作為僅僅是讓事情順其自然，自行展現，其中必須下不少功夫，而且其特殊之處在於：這是用一生來培育的優雅、有見識、自然不費力的功夫和一種「無作為者的作為」。

自然不費力的活動發生在舞蹈和體育運動達到顛峰表現之時，那個當下，令人屏息，這也存在於人類活動的各個領域中，從繪畫、修車，到為人父母。多年的修習和經驗累積下來，到某個時間點會迸發出一種嶄新的能力，自行展現，超越技巧、不用費勁、跳脫思考。行動變成一種藝術的、生命的、放下所有作為的純粹表現──在動作中，身心合一。在觀賞一場精采的運動競賽或藝術演出時，我們感到興奮不已，因為我們參與了瞠目結舌、臻入化境的魔力，即使只是驚鴻一瞥，在那短暫的片刻，也足以振奮人心。也許我們也懷著這種願望：以自己獨特的方式，來感知自己生命中優雅與和諧的時刻。

梭羅說：「若能把一天的質地加以改變，這乃是至高的藝術。」開創了現代舞的瑪莎·葛蘭姆（Martha Graham）論及舞蹈的藝術時，她說：「最重要的是展現動作的這一刻，讓這一刻充滿生命力，並且值得全力以赴，別讓它悄然溜走，毫無察覺，也未曾把握。」

沒人能比禪修大師所言更為精準了，我們學習無作為，便徹底了解「無作為」既是需要終其一生的努力，也是頃刻間唾手可得；我們同時意識到，內在的「作為模式」往往如此強大，說來諷刺，「無作為」竟需要花不少力氣方能練就。

禪修是「無作為修行」的同義詞，我們並非練習讓事情變得完美，也不是練習完美地完成任務；相反的，我們只是認識並領悟（意即我們認定它是真實的）到事情早已完美，他們本來的面目就很完美。擁抱這一刻的圓滿，不附加任何多餘的概念，並感知本來面目的純淨，而且它鮮活地提供下一刻生起的潛力。進而知道此即此，彼即彼，清楚分明，自覺地不要讓所知的多過於所做的，然後我們從中採取行動、邁出一步、選擇立場、嘗試可能性。有些人稱這樣的境界為心流，因它被正念的河床托著，無縫、不費力地由這一刻流至下一刻。

**請試一試**

在一天之中，看看自己能否感知每一時刻裡如花盛放的當下，無論是平凡的、「中等的」、甚至困難的時刻。努力讓生命中更多事情自行展現，不強求它們實現，不排拒那些「應該」如何卻不遂所願的事，看看你能否感受那種「有餘裕的空間」？經由這些空間，你可以不費力地自由行動，一如《莊子》中庖廚的心領神會。倘若你騰出一些清晨時光，只為生命的存在，除「醒來」外，別無盤算，這將會如何改變你這一天的質地？換另一種說法，你不妨去探索這樣做是否管用：先把生命存在的工具**調**好音，再帶它上路，把正念當做這一整天的起點，如此是否更有潛力，也更有能力去認識、體驗、領略，並回應如花盛放的每一時刻？

# 耐心

某些心態或內心素質可以支援禪修，提供沃土讓正念的種子生長茂盛。若刻意培養這些素質，就像耕耘心田的土壤，滋長生命中的清明、慈悲及正行[1]。

支援禪修的內心素質不可能透過強制執行、通過立法或發佈命令而產生，它們只能培育；這需要內在動機夠強，立意不再增添自己或他人的痛苦和困惑，才能做到。其實這不過是合乎倫理道德的行為——然而許多人竟忽視這個概念，甚至敬而遠之。

我曾在廣播中聽到，有人將倫理道德定義為「法律雖無明文禁止，你仍然遵守的準則」，這倒也沒錯。道德是發自內心，不是因為有人在打分數，或者害怕犯規被逮而會立遭懲處。你要注意傾聽自己心靈的節奏，跟著內在鼓聲行進。就像耕耘內心的土壤來培育正念一樣，若不下決心從事合於倫理道德的行為，就不可能有內心和外在的和諧；這決心像一堵圍牆，阻止山羊侵入啃嚙你花園中的幼苗。在這過程中，一不留神，也會毀了你的操守。

我視耐心為一種基本道德態度。如果你按部就班例行培養內心和外在的耐心和安忍，幾乎自然而然就在培養正念，這時禪修境界也會漸趨豐富、成熟。畢竟，若此時此刻你並不試圖要去

1 譯註：此指佛法中的「正業」，為八正道之一支，身體行為不做不合於倫理道德的不善行。

哪裡，自然就會生起耐心了。萬物總會在該來的時刻自然展現，季節催不得；春天一來，草就綠了。急於求成，無濟於事，反倒招致許多痛苦——或在自己身上，或剛好在周遭的人們身上。

我們心念中雖常含有著躁動（restlessness）[2]和不耐煩，耐心卻也一直是個選項。將不耐煩的表面刮去，將會發現底下是或細微或粗顯的瞋心；瞋是種強烈的能量，不願事情以如實的面目發生，並為此責怪某人（往往是自己）或某事。耐心並不意謂你在必要之際不能快馬加鞭，事實上，你反而能在快速中既有耐心、更具正念，因為你主動選擇加快腳步。

從耐心的觀點來看，此事發生是因彼事發生[3]，沒有一件事是分離和孤立的，你無法找到絕對的、終極的、到此為止的「根本」原因。如果有人拿木棍打你，你不會對木棍或揮舞的手臂生氣，你會對手臂連著的那人生氣；但再追究下去，似乎也不能完全怪他，因為他根本不知道自己做了什麼，當時他幾乎失去了理智，那到底該責備或懲罰誰呢？或許該氣那人的父母對一個毫無招架之力的孩子施虐，或許該氣這世界欠缺慈悲，但世界究竟是什麼？你難道不是世界的一部分嗎？你自己不也有憤怒的衝動，有時候居然有暴力、甚至謀殺的衝動？

達賴喇嘛對中共沒有顯露出任何憤怒，即使中共政府在過去半個多世紀以來，可以說對西藏

2 譯註：此指佛法中的「掉舉」，浮動不安的心理狀態。

3 譯註：此指佛法中緣起的理則：「此有故彼有，此生故彼生；此無故彼無，此滅故彼滅」，簡說為「此故彼」。

人執行種族滅絕政策；對他們的體制、信仰、一切他們所鍾愛的事物進行文化滅絕；對他們所居住的土地執行生態滅絕。一九八九年達賴喇嘛獲頒諾貝爾和平獎時，一位記者心存懷疑地問他：何以對中共不存憤怒？達賴喇嘛的回答大致是這樣的：「他們已經奪去了我們的一切，我豈能連心也讓他們奪走？」

這個心態本身展現出非凡的智慧、安忍與平等心……有一種內心和平，知道什麼才是最根本的，也有一種外在和平，體現出智慧的言行。當面對巨大的挑釁和苦難，願意秉持平靜和耐心，這只能從內心培養的慈悲心流出；這份慈悲的對象不限於朋友，更包括那些受無明驅策——常被視為邪惡——使你和所愛之人痛苦的人。

這種無私的慈悲心，根源於佛教徒所謂的「正念」（right mindfulness）和「正見」（right understanding）[4]有多少而定，它不是自然蹦出來的，而是需要培育、系統性地滋養並一再修習的；這並不表示瞋心從此不再出現，而是瞋心可資運用、處理、代謝、轉化、駕馭，因此瞋的能量能用來培育耐心、慈悲心、和諧和智慧，既滋養自己，也滋養他人。

從事例行的正式禪修紀律時，一旦每次停下外在活動，並進入內心當下的體驗，比如坐下來、覺知入出息的流動，都是在培育耐心。一旦我們獨處時能夠更開放、感知更細膩、更具耐心，這樣的狀態自然會延伸到生活中其他時刻。我們既然知道事情會以它自己的特質呈現，便能

4 譯註：此指佛法中八正道裡的兩支。

提醒自己：讓生命也同樣地自行展現，無須對結果懷抱著焦慮和想望，因而讓這些感受左右那一刻的生命品質。就算事情令人十分痛苦，我們也能從容面對。若事情得推一下，就去推；得拉一把，就去拉；但同時我們也知道何時不推，何時不拉。

藉此，我們學著如何在此時此刻保持平衡，認識到耐心之中蘊藏著智慧。若想知道下一刻會如何，大多得取決於我們此刻如何。在禪修中若感覺不耐煩，或在生活中感到沮喪、不耐煩、憤怒時，務必謹記這一點，絕對大有幫助。

＊

你可有耐心，靜待
那混濁動盪之水，徐徐靜止，漸漸清澈？
你可能夠如如不動，靜待
正確的行動自行發生？[5]

——老子《道德經》

5 譯註：見老子《道德經》十五章：「孰能濁以靜之徐清，孰能安以動之徐生。」

*

我存在，如我所是，便已足夠，
即使世上無人知曉，我依然安心而坐，
即使舉世皆知，我也依然安心而坐。
有一個天地是知曉的，對我而言它是最廣闊的，那便是自我，
無論在今朝或在萬年、千萬年之後，我方成為我自己，
我現在可以欣然接受它，或以同等的欣然，等待著。[6]

——華爾特·惠特曼《草葉集》（Walt Whitman, *Leave of Grass*）

---

6 譯註：出自《草葉集》〈自我之歌〉（Song of Myself）第二十節。

### 請試一試

每次生起不耐煩和憤怒的時刻，試著以慈心和誠摯的興趣去探詢，看你能否用不同的觀點去看待它，讓事情在該來的時刻自行展現。在感受壓力之際，或想要、需要做什麼事卻橫遭阻礙之際，這個方法特別管用。儘管可能很難，但在那一刻，試著別想去推移整條河流，只須仔細傾聽，聽河流跟你說了什麼？它正叫你去做什麼？如果沒聽到什麼，就只專注於入出息，讓事情順其自然。保持耐心，再繼續傾聽，安住於覺知；如果河流告訴你什麼，就去做，但帶著正念去做，然後暫停，耐心地等待，再一次傾聽。

在正式禪修中，你參與入出息溫柔的流動時，要注意心念偶爾會出現拉扯：會想分心於其他事情，想打發時間，或想改變已發生的事情，這些都會讓自己迷失，與其如此，倒不如耐心地與身體的入出息同坐，並敏鋭地覺知每一時刻所展現的，同時讓它如實呈現，不附加什麼……僅僅觀照，僅僅呼吸……讓自己「化身」寂靜，「成為」耐心。

# 放下

「放下」這個詞在二十世紀後半葉已被新時代（New Age）用成了最具代表性的老套，至今仍被濫用、誤用。即便如此，它仍是個強而有力的內心操作技巧，所以無論「放下」是不是陳腔濫調，都值得深入探討。如何放下的修行，其中大有值得學習之處。

放下，正如字面所言，是請你別再依附任何事──包括任何想法、事物、事件、特定時刻、見地、或是想望。放下，是有自覺的決定，完全接納當下所展現的流動；是放棄以強制、抗拒或掙扎來交換更強大、更美好的狀態，也是讓事物如實存在，不受到這些事物的吸引或排斥，不因為內在的欲望、喜好或厭惡、而產生抓取、執著各種生起欲望或反感，陷入進退兩難。放下的姿態，好比打開手掌，放掉一直緊抓的東西。

通常我們還不光是被渴求或憎惡外界事物的欲望纏住，也不只是手緊抓不放，而是我們的心更緊抓不放，強烈渴望事物成為我們希望的那樣；我們常覺得是衝著我來，即使跟自己毫無關係。我們──常常頑固地──拼命抓著狹窄的、未經檢視的觀點，以及自私自利和小心眼的希冀和願望，來困住自己、卡住自己。因此，當下就放下是可能的，這種提醒讓我們在愛與憎、未經檢視的想望與觀點，以及被無知無覺蒙蔽──這種無知無覺會驅使我們認同並執著自己的念頭和情緒，管它是否合理或有害──的拉扯中，變得更直率無隱。若想要變得率直無隱，必須能讓恐懼和不安全感在完全覺知的田野間盡情嬉戲。

我們只有秉持覺知和接納，察覺到自己卡得多深，又能認識到自己遊移在觀察者和被觀察者之間，常常不自覺架上眼鏡，不斷篩選、塗色、扭曲、形塑我們的觀點時，這樣一來，放下才有可能。我們可在覺知中捕捉這些膠著的時刻——尤其是認識到自己每當想有所斬獲，卻往往反陷於追求、依附，或咒罵、排斥之中——並在當下發出一張友善的「保護令」。[1]

一旦我們接受自己的本來面目當下即是圓滿，不再忙著尋覓、固守或拒絕事物，才會生起寂靜、洞察力和智慧。這是可以嘗試的命題，算是有趣的實驗吧，去試試當心中想要抓住什麼，就立即放下，看看是否會帶來一種比執著更深刻的滿足。

1 譯註：由法官受理聲請所簽發的手令，用以保護聲請人不受被限制人騷擾、暴力等行為，又稱禁制令。

# 不加評斷，方能明辨

禪修中，不消多久便會發現，我們的心總是不停地評價自己的禪修體驗，或拿來與其他經驗互相比較，或與設定的期望和標準兩相對照。這些標準往往出於害怕：怕自己不夠好、怕壞事降臨、怕好事不長久、怕被傷害、怕不能稱心如意、怕只有自己懂得一切，或怕自己是唯一什麼都不懂的人。我們傾向透過有色眼鏡來看事情：看事情對我有利還是不利，是否符合我的信仰或哲學。若事情有利，就喜歡；若事情不利，就憎惡；若以上皆非，我就毫無感覺，或根本注意不到。但大腦往往更重視負面情緒內容，勝於極為正面的體驗。就技術而言，這是一種進化上的遺傳，即所謂的負面偏見（negativity bias），因此人類在數十萬年，甚至更長的時間中，得以生存。當時無疑很管用，即使是今天，在一些時候仍然發揮著作用。然而，在這樣的時刻運用正念，可以幫助我們以一些相當重要且肯定生命價值的方式，來識別並調節這種內在傾向。

你正式禪修時，想──即使很短暫地──安住在寂靜中，評斷的心卻如警告船隻的霧號，不時送出訊息：**「我膝蓋疼得受不了」**、**「這真無聊」**、**「我喜歡這種寂靜的感覺」**、**「昨天禪坐得很不錯，今天卻真糟」**、**「這對我沒用」**、**「我不擅於此」**、**「我不夠好」**……這類思考支配著心念，並沉重地壓著心頭，好像頭上頂著裝滿石頭的皮箱，要是放下來，真的會很輕鬆。想像一下，若我們暫停慣性的評斷，讓每一刻都如實存在，而不再從自我沉迷和完全自我中心的觀點出發，去評價它是「好」是「壞」，會是什麼感覺？僅僅這個轉念，就可以品味短暫的寂靜和解脫自在，你會立即回到自己的生命存在，至少在那瞬逝的永恆時刻。

禪修意指對浮上心頭的心念，培養不加評斷的態度，來了就照單全收。但所謂「對當下的體驗採取不加評斷」的心態，並非說就不再繼續評斷了，當然還會，因為比較、批判、評價深深存於我們天性，只是當我們生起評斷，我們並不把它攔截下來或視若無睹，就像我們不會這樣對待內心其他的念頭一樣。

我們在正念禪修中採取的方法很簡單，就是盡可能覺察到心中或身體上出現的**任何**狀況，然後去認識它，既不譴責，也不追隨，並知道我們的評斷本身就是這內心景象的一部分，是自然生起的，如同內心的天氣模式。而這些有關體驗的評斷總是以受限的、又往往是有局限的想法出現。在培養更深廣的正念時，我們關注的是直接理解經驗本身——無論是入息、出息、身體覺受或心理感受、聲音、衝動、念頭、認知，還是評斷——僅僅認出它，並在那一刻保持覺知，而那一刻永遠是**此刻**。我們一旦這樣練習，便會保持警惕，注意到自己可能會陷入評斷，甚至會覺得自己多愛評斷，或常將一些評斷標記為好或壞，而感到沮喪。

我們的思考過程為體驗上色，但如果我們誠實面對自己，可能會認識到，我們的想法往往不完全精確，以管窺豹，因為我們會受限於知識或過去經驗的制約條件，而產生個人之私見、反應與偏見。若未能如實認清思考的本質並命名標示，我們的思考會使自己在當下看不清事物，還以為我們充分知悉自己的所見、所感、所需，並反射性地將我們的評斷投射到我們所接觸的一切上。若能熟悉自己這些根深柢固的老招式，那麼只要一生起，便每一時每一刻觀察它，就更能不帶評斷地容納和接受，當然也更能洞察到我們如何輕易就削弱了自己的主控權了。

不加評斷的價值取向，不會讓你不知如何負責而且秉持道德行事，也不是說他人做什麼都沒關係。而是說，只要我們覺知到，自己沉浸在無知無覺、高度慣性反應的愛與憎、認同與不認同，以致認不出事物如實面目具有現實複雜性，遠離自己生命的內在之美、奇妙和完整的這些時刻，而我們卻能夠更清晰、更真實地生活，在行動中變得更加平衡、更有效率、更具道德。若沒有持續的覺知，機械式的二元對立：非愛即憎的習慣，可能更容易在我們身上長期駐留，滋養各種成癮行為和習慣，並障蔽心智。

在這種脈絡下，需要特別注意區分兩種能力，一是我們的評斷能力，另一也是非常強大的屬性，可以在修習中部署並增進的——即我們的**明辨力**（discernment）。在培養正念的過程中，久而久之，我們培養出深入觀察事物，並敏銳又清晰地感知事物差異的能力。「明辨力」是看到此**和**彼的能力，而不是認為**非此即彼**的；是看到整體圖景及其精密細節、看到層次的漸變，而不僅僅是絕對的分類，如黑白、好壞、我們和他們。具有明辨力，是顯示對實相的智慧和尊重，因為我們注意到細微之處以及事物的整體輪廓，覺知到複雜性和神祕性，也覺知到對立面之間的內在相互連繫。其中有一種基本的公平性，一種正確性，因為它更符合整個現實。我所使用的「不加評斷的覺知」（non-judgmental awareness）一詞，所描述的是在任何時刻，都盡最大努力以明辨力去覺察。

當我們說正念是一種「不加評斷的覺知」時，這並不是呼籲在涉及重要區別（包括道德方面或其他）時，故意忽視或無知。**不加評斷**一詞，並不意謂我們因為不去感知必要和重要的區別，而看不到正在發生的事情。事實上，只有不加評斷，我們才有可能看到並感受到真正發生的事情，同時穿越表相和種種過濾器：我們自己有限的觀點，我們的愛憎、信仰和恐懼，我們未經反思的、有時是不自覺的偏見，以及我們對事物應該以某種理想方式存在的深切渴望。正念覺知甚至可以在心中接納我們自身的評斷行為，並如實知悉。挑戰在於：當這種根深柢固的內心習慣出現時，我們能否多少以慈悲心認識到它，而不會因為看見自己愛評斷的慣性，而反過來批判自己？一旦認識到我們所見的現象有何意義時，明辨力會產生智慧。它使我們能夠在任何生活情境中更明智地行動，而不會因為過於執著，而鼠目寸光。心智本質上傾向於陷入二元思維、比方愛和憎；但如果沒有明辨力的調和作用，我們的判斷往往會不準確、不明智、不自覺，最終囚禁了我們。而且，這些評斷往往會驅使我們採取不恰當的行動。

有了明辨力，當我們內心正在追求我們想要的事物或結果時，便能夠認識在心中出現的最微細的占有欲或貪愛的種子，並加以命名標示。如我們慣性操縱以避免或拒絕我們不喜歡的事物時，我們也可藉著同樣的明辨能力，認識到其中厭惡或憎恨的種子。這些識別和明辨的時刻——由持續的正念修習而培養出來——可以顯示這些慣性傾向其實幾乎一直在我們內心發揮作用，只是程度不一，如果我們要在生活中多少體現理智和覺醒，就需要善巧處理這些傾向。毫不誇張地說，這些抓取和拒絕的傾向帶有一種慢性的、病毒般的毒性，使我們看不清事物的如實面目，也動員不了我們真正的潛力，而不能在一生的每一刻不斷學習、成長、療癒和轉化——直到生命的盡頭。

# 信任

信任是一種信心感和信念感，知道事情會在可靠的架構中展現，體現秩序和完整。我們也許不會完全了解到底在自己身上、在別人或特定情境中發生了什麼事，但如果我們信任自己或另一個人，或是信任一種過程或理想，便會在信任中強穩地孕育出安全感、平衡和開放性。如果信任感不是出於天真無知，便能直覺地引導並保護我們免受傷害、免於自我毀滅。

培育正念時，強烈的信任感非常重要，因為如果我們不是基於直接體驗的親密感和信念，來信任自己有能力觀察、保持開放和專注、反思經驗、從中成長學習、深入理解事情，那麼我們在培養以上任何一種能力時，便難以為繼，因為這些能力若欠缺營養滋潤，只會休眠或凋萎。

培育一顆信任的心，是正念修習的一部分。首先也許讓我們深入觀照自己值得信任的部分，如果不能立即看出自己有哪些可以信任之處，也許需要再看深入一點，多花些時間與寂靜同在，僅僅「存在」著。如果泰半的時間我們都不能覺察自己在做什麼，而且也不怎麼喜歡近來生命裡發生的事，那麼，也許該更關注、更密切觀察我們所做的選擇及其後續影響了。

我們可以實驗一下，多多信任當下，接納此時此刻所有感受到、想到、看到的經驗，正**因為**這些是當下唯一存在的。如果我們採取一個立場——譬如說特意坐下禪修一段時間——就算只是一段短時間，順其自然全面融入此時此刻的質地，我們將會發現當下——如實的當下，無論呈現如何的樣貌，都值得我們充分信任。如此實驗再三之後，我們或許會發現內心深處有著極為健康的內在才能——可以稱為內心天生本具的智慧——我們可以運用這種智慧，並看見它完全值得我們信任。

＊

那麼，請堅強起來，參與自己的身體，
你便有一個堅實的立足地。
仔細地想一想吧！
別亂跑到他處！
喀比爾說：拋開所有虛幻事物的念頭，
堅定地站在於你的如實面目之上。

——喀比爾

# 慷慨

慷慨這種素質也可以為修習正念提供堅實的基礎，如同前述的耐心、放下、不加評斷、信任。你不妨實驗一下，刻意練習把慷慨當做深入觀察自我和探詢的工具，同時練習給予。以自己為練習對象，是個不錯的起點，看看你能否給出自己充滿真實祝福的禮物，像是自我接納或一天中留些時間不做任何規劃。請練習去感受自己配得上這些禮物，而且無須有任何交換義務——僅僅從自己和宇宙的手中接受過來。畢竟，你自己的生命就是一份禮物，每一位摯愛的人的生命也一樣。

看一看你能否感知自己生命存在的其中一個維度，這個維度就如同生命本身，豐富、廣大得不可思議。讓這維度開始向外散發能量，佈滿全身，超越全身，並試著將這股能量送出去——開始先送出一點點——給自己和他人，卻不要求收獲或回報；相信自己比你以為的更為富有，然後給出比你以為自己可給的更多一些。禮讚那豐盛，同時，給予時要像自己的財富取之不盡，用之不竭。

我所討論的不只是錢財或物質，雖然分享物質的豐盛也能促進成長、振奮人心、在實質上或在其他利益上幫到他人。但是，這裡建議的是練習分享你生命的豐盛、內心的美麗、最精彩的一面、熱情、活力、精神、信任、開放性——最重要的是，把你生命的存在，與你自己、你的家庭和世界分享。

**請試一試**

注意一下你有沒有抗拒給予的衝動，比方擔憂未來，感覺你也許給出太多，或者你付出卻得不到「足夠」的感激，或者因努力給予而精疲力竭，或者從中得不到任何回報，又或者你覺得連自己都還不夠用哩。揣摩一下：以上種種想法可能都不是真的，只是慣性、退縮、出於恐懼的自我算計，這些想法和感受是「自我珍惜和執著」粗糙邊角，一旦接觸到真實世界，便造成自我和他人的痛苦以及疏遠、孤立、貶低的感覺。「給予」可以磨細這粗糙邊角，幫助我們對自己內在的豐盛更具正念。若能練習慷慨的正念，實際去給予，並觀察因為給予而影響了自己和他人，便能轉化自己、多少脱落一些不利和格局有限的執著，從而可能發掘自己更加真實和無懼的一面。

你可能會抗議，自己沒有足夠的精力、熱情或物質資源去給出什麼，或是常常覺得枯竭、招架無力、貧乏，甚至覺得自己一直給、給、給，別人卻視為理所當然，毫無感謝之意，甚至視若無睹；或者你看到自己利用給予來逃避痛苦和恐懼，又只為了確保別人會感激或依賴你。以上這些麻煩的模式或人際關係，都必須加以注意、密切審視和慈心對待。失念的給予從來都不健康，更算不上慷慨。要注意了解你給予的動機，因為有時給予並不代表慷慨，反而展現了害怕和不安全感。

以正念和開放來培育慷慨時，並不需要把一切都給出去，甚至無需給出任一事物。慷慨著重在內心的給予，這是一種感覺狀態，一種把自身的生命跟世界分享的意願。最重要的是，信任並尊重你的直覺，但同時也不妨讓自己站到臨界邊緣，並冒點風險做個實驗：一旦感到自己或他人有榨取、或不健康的動機、或衝動時，你也許應該少給些或信任你的直覺；或許你確實需要以不同的方式，或給予不同的人或為不同動機；或許你首先應該留一段時間給予自己，然後試著給予別人比你以為你所能給的再多一點點，同時有意識地注意觀察，並放下任何期盼回報的想法。

主動去給予！別等他人開口請求，看看會有什麼變化——尤其是在你身上。你可能會對自己和人際關係認識得更清晰，擁有更多的精力，而不是更少。你也可能會發現，給予非但沒有耗盡你和你所有的能耐，反而更充實，這就是正念、慷慨無私的力量。在最深的層次，沒有施予者，沒有施予物，沒有受施者[1]……只有宇宙重新排列組合。

1 譯註：佛法稱布施時，能體達施者、受者、施物三者當體皆空，而無所執著，為出世間布施。又因為此三者有如車輪，能輾斷煩惱惑障，所以也稱為「三輪體空」。

# 你要夠強才能弱

如果你是個意志堅強、又成就不凡的人，往往給人刀槍不入的印象，絕不會自感不足、不安全或受傷。因此你容易被孤立，最終引起你和他人巨大的痛苦。別人會樂意接受並散播這種形象，把你當做直布羅陀之石（Rock of Gilbratar）般屹立不搖的人物，不容你有真感情；事實上，你或許也會在這形象和光環的保護傘下自我陶醉，因而漂流到真實情緒之外。這種孤立狀態經常出現在小家庭的父親身上，或是隨處可見的那種相對握有較大權力的人。

如果以為自己因修習正念而強大，也會製造同樣的困境。你會開始相信並表現得像是個極為平和、無懈可擊、有所成就的禪修者——一切都在掌握中，且智慧高超到應對一切都不致受情緒左右。如此一來，你就巧妙地阻礙了自身的進展，身陷其中而渾然不覺。我們都會有情緒，如果我們不知天高地厚築了一堵牆來隔絕情緒，將會自食其果。

所以倘若你注意到自己在建立著一種形象：因禪修而戰無不克、意志強大、具有特殊知見和智慧，又以為自己修習到了某種境地，而開始大量談論禪修，像是自我推銷和自我膨脹，這時候，最好迅速將正念帶到這種心態上，檢視自己這些表現是否為了閃躲自己的脆弱面，或因迴避心中的悲傷，還是出自某種恐懼或不安全感。如果你內心真的堅強，並不需要向自己或他人強調，反而要採取完全相反的策略，去觀照最害怕面對的，讓自己去接納並感受任何時刻在身體上、心智上、心靈上的感受，不必對任何事都持有一套意見，不必讓自己看起來無堅不摧或冷漠無情；如此一來，你與自己的感覺才會連上線，並能適度坦露出來。所有看來是弱點或脆弱之處，其實正是你的強處；而看似強大之處，有時候卻是嚴重脆弱面的偽裝，怕別人看見你的恐懼，甚至怕自己看見。無論對他人或自己多具說服力，其實也不過是計謀、裝模作樣或塗脂抹粉的表象而已。

**請試一試**

眼前遭遇嚴酷的障礙時，觀察一下自己的反應方式，同時做個實驗，試著提醒自己：直覺想要強硬時，放柔軟一點；直覺想有所保留時，慷慨一些；直覺想關閉情緒或退縮時，學著開放。當你憂傷、悲哀，或感到不夠好時，請擺出歡迎光臨的踏腳墊，邀請它們進來。去感覺此刻你所感覺到的。為什麼不？它們反正已經在這裡了；注意你在哭泣或感覺脆弱時給自己貼上的標籤，接著放下標籤，僅僅去感覺此刻所感覺到的。培育每一時每一刻的覺知，乘著「上」與「下」、「好」與「壞」、「弱」與「強」、「配得上」與「配不上」的浪頭，直到發現它們都不足以完整描述你的體驗。因此，與體驗同在，重新安住在覺知中，信任你最深層的力量：那就是，活在當下、醒覺。

# 自願簡樸

也許你也有類似的經驗：我常有股衝動，想在此時此刻多塞進一點這個那個的，其實不過是再打一通電話，再處理一封非讀不可、非回復不可的電郵，或是順道經過一下哪裡，哪怕這些地方說不定是完全相反的方向。

我學到如何認出這股老想用「作為」和「分心」來填滿時間的衝動，還有更強烈的：屈從於這股衝動的衝動，我努力對它說不。這種衝動使我在吃早餐時，眼睛始終盯著手機或報紙，等早餐都吃完了，還沒真正嘗到味道，或嘗到每時每刻的真實。什麼事都叫我分心：第一百遍閱讀早餐脆片穀物包裝盒的營養成分表或超級的免費優惠；這種注意力分散的衝動不在乎被餵了什麼，它只要求持續被餵養，尤其是紙質的報紙尤其誘人，但其實任何東西都很誘人，比方你最喜歡的社交媒體、應用程式、屏幕上的新聞、郵寄來的商品目錄或者隨手的什麼東西。這股想分心的渴望會搜尋事物來填滿時間，並與我的心同夥密謀、哄騙我，讓我失去自覺，多多少少如進入一片麻木的迷霧。或者是被資訊填飽，甚至過飽，結果我錯失了早餐的體驗，那時，我無法與別人交流，錯過餐桌上光影的變化、房裡的氣味、當下的能量流動。

我喜歡練習自願簡樸，來反制這股衝動，以確保能得到更深層次的滋養。自願簡樸是在一個時間內刻意只做一件事，確定我全心全意投身其中。適合自願簡樸的場景很多，例如散步。自願簡樸意謂著：一天之中多一事不如少一事。少去一些地方，而不是多去；少看些，以便看得更多、更深入；少做些，以求做得更多、更徹底；少些獲取，以便更真實擁有，以上都息息相關。幾十年前，我身為年幼孩子的父親、家中的經濟支柱、丈夫、年邁父母的長子、對自己在世上的工作充滿熱情的人（至今仍是），不太可能去華爾騰湖或其他地方待上幾年，坐在樹下聽草長、聽季節變換，雖然衝動猶在，現在更是如此，而在現階段，禪修閉關可以是我的一個選項了。然而，過去和現在，在家庭和工作井然有序的混亂和複雜性當中，仍有許多要求和責任，仍有許多挫折和無可比擬的恩賜；經由正念修行，我們在許多生活小節裡都可以認出選擇簡樸的機會，小雖小，絕非無關緊要。

凡事放慢下來是很重要的一環。告訴自己，讓身心留在原處跟孫子玩，而不去查電郵；在那個時刻，不在第一時間回應內在衝動去打電話、寫簡訊、發電郵；決心不因衝動而消費；不屈從於點擊誘餌和訊息無底洞[1]、或電子產品的魔音呼喚——如果有人願意，真的不少人願意——拒絕聊天機器人（chatbots）和元宇宙（metaverse）進逼的誘惑。每時每刻，正念拒絕這樣的魔音呼喚，就可以將生活簡化一點。對我來說，其他的事，像是靜坐一整晚並且不做什麼事、讀

1 譯註：原文直譯為「兔子洞」，指一種複雜、奇異或未知的狀態和情景。最早出現於一九三八年的童話《愛麗絲漫遊奇境記》，主角愛麗絲從兔子洞掉入了一個擬人化的異境世界。正如當今網路時代，上網時會不假思索從一個網頁點擊到另一個網頁，好像掉進了無底洞，不知不覺地就點開了一個與原本瀏覽內容毫無關係的頁面。

本書、與妻子去散步，望月、坐在樹下感受空氣拂面，甚至早早入睡，都是一些不錯的做法。

在工作方面，我盡量練習說「不」來簡化生活，但我從來都做得不夠。這項紀律很費力，但努力是值得的。此外，說「不」也需要技巧，因為我們必須回應一些需要和機會。所以，在火熱燃燒[2]的世界中矢志簡樸，需要微妙的平衡，也需要不斷調整、進一步探索、持續專注，並為了我們的物種和地球，傾聽何時有迫切需要，必須採取明智的行動和更加廣泛的參與。

自願簡樸的觀念也讓我想到，在一個內心、身體和世界萬物相互依存的生態中，每一刻都是一個分支點，每一個選擇都帶來深遠，且往往難以預見、無法知悉的後果。我們無法控制一切。然而，只要盡可能自願選擇簡樸，生活便增添了一種深刻的自由，這種自由很容易從身邊溜走。它還提供了無數的機會，讓我們發現「少」其實可能是「更多」，甚至是「多得多」。如果想在地球上實現永續性的發展，我們這些發達國家的居民很快就必須簡化個人需求和慣性欲望，而且直到最近才認識到這些欲望對地球生命維持生態系統所揭示出來的代價。如果在梭羅的時代，自願簡樸的需求已經很迫切，那麼，在我們的時代，就更是無限迫切了。它也提供了一條途徑，來脫離我們經常被誘入的那種永無休止的分心和沉迷的慣性。

研究顯示，人們平均每天查看手機不下上百次，年輕人甚至更多。我們面臨著在尚未學會如

2 譯註：原文為 world on fire。二〇〇四年，加拿大歌手莎拉・克勞克蘭（Sarah McLachlan）發表一首歌名叫〈世界在燃燒〉。二〇一九年，也有一部描述第二次世界大戰的影集叫〈世界在燃燒〉。

何充分利用並體驗我們全維度的類比生命之前，就可能失去它及其天生的稟賦。我們的內心是億萬年進化的產物，是在這宇宙中微不足道的部分，塑造自己成為一個宜居的星球，距離它的恆星恰到好處，於是在難以想像的時間長河中，孕育出了包括你我在內的當前生命形式，以及能夠覺醒事物本然面目的高度可能性和潛力。讓我們不要輕易放棄我們繼承的遺產吧。

＊

> 簡樸，簡樸，簡樸！把你的事情簡化到兩、三件，而不是一百或一千件；不要以百萬計，而是以半打計。……在文明生活如此翻騰多變的海洋中，有這樣的烏雲，這樣的風暴，這樣的流沙，這樣的一千零一種名目要留意的事項中，如果他不想翻船，不想沉底，又進不了港，他就必須是個了不起的計算家了。簡樸，簡樸！
>
> ——梭羅《湖濱散記》

# 定

定是正念修行的基石，你的心能多平靜、多穩定，你的正念就有多堅固。如未曾持續培育一定程度的平靜度和穩定度，否則很難保持正念中的開放和清晰觀察的特質。

「定」能和正念一同攜手修習，也可以單獨修習。[1]你可以把「定」視為內心對觀察目標能維持不動搖的專注力。修「定」是僅注意一個對象，如入出息，而且限制自己只注意那個目標。在梵語裡，「定」稱為**三摩地**（samadhi）[2]，或「心一境性」（one-pointedness）[3]；每當心漫神遊之際，持續把所謂「專注之光」帶回入出息，便培育並加深了三摩地，這樣最能實現心一境性。若單修「定」，我們在分神時刻意不花費精力於了解心去了哪，或每一息微細或粗顯的起伏變化。我們的全付精力都放在此息入，此息出，或其他單一的專注目標。長期修習後，心

---

1 譯註：佛法中稱專注觀察的目標和對象為所緣、所緣境、業處。

2 譯註：又譯為三昧。

3 譯註：禪修主要有修「止」和修「觀」兩大部分。止的梵語為「奢摩他」（samatha），這是對於一個目標（即所緣境）長時間維持專注力，其特質為「心一境性」、「內心相續」，其目的是能達到「定」，也就是「平等持心」，安心一境而不散動。「三摩地」又譯為三昧、等持，係專注於一個目標，讓心念維持於平和安穩的狀態。古來每泛稱禪那（dhyana）、三摩地與三摩缽底（samapatti）三者為「定」。

會更穩定地停留在入出息上，甚至能注意到被其他目標分心時最早萌芽的衝動，又或者內心先抗拒衝動的拉力後，繼續專注或重回入出息。

密集修習定力之後，所產生的平靜具有非常令人滿足的特質，無論有什麼狀態發生，它仍是穩固的、深刻的、不易擾動的。能夠不時在較長時間培育三摩地，是餽贈自己的絕佳禮物，這種平靜最容易透過長期止語禪修閉關（silent meditation retreats）來達成，我們可為此目的而從世間撤離一段時間。

修習心一境性所產生的穩定和平靜，是培育正念的基礎；沒有一定程度的三摩地，正念不可能強固。只有持續關注某一目標，不為外界分心或不受內心擾動，才能深入觀照。若定力越深，現象生起時開放臨在當下和清晰洞察的能力就越強，也就是說，正念的潛力越深。

深度三摩地的經驗非常愉悅，以「心一境性」專注入出息，其他事物都消失了——包括念頭、感受和外在世界。三摩地以全神貫注的寂靜和不受干擾的寧靜為特徵，這種寂靜的滋味很吸引人，甚至令人陶醉，我們自然而然會想尋求這種具有安止和喜悅特徵的輕安純一境界。

但是無論定力再強、再令人滿足，若無正念的互補和深化，「定」仍不夠完整。定的本身是類似從世間撤離的狀態，它的能量特徵是關閉而非開放，吸入而非利用，出神而非完全清醒。「定」所欠缺的，是對人類經驗以及所有現象好奇、探索、研究、開放、利用及契合的能量，而這部分是正念的領域。在正念的領域中，心一境性以及當下保持平靜和穩定的能力，有助我們深入觀照並多方理解生命體驗的相依相存，以及我們在相互依存的網路中的定位和責任。

磨練定力有極大的價值，但若你被這種內在體驗的愉悅特質所誘惑，而當做逃避複雜而困難的外在世界的一種或微細或粗顯的方式，那麼，「定」也帶來嚴重的限制。為了想迴避亂糟糟的日常生活和複雜的人際關係，而躲進獨處、寂靜和平靜的狀態中，當然會對寂靜產生執著。然後，就如同任何強烈的執著，它是一種攀附，很容易導致自我中心，忽視了很重要卻未被體認的實相維度，從而產生癡[4]。如果沒有正念來調和，心一境性可能會阻礙正念的培育，也無法充分體現智慧。

4 譯註：佛法中的三毒：貪、瞋、癡。癡即心性闇鈍，迷惘於事理，或事理顛倒，因果迷亂。也稱無明。

# 願景

若矢志天天禪修，心中卻沒有見地，不知為何需要每日禪修，不知禪修在生命中的價值，不知為何這可以是你的道路，而不是去徒勞無功地去挑戰想像的風車，這樣非但禪修不成，也不具意義。

傳統社會中，文化層面會提供並持續強化這種每日禪修的願景，如果你是佛教徒，你之所以修行，可能是因為整個佛教文化視其為唯一邁向清明、慈悲、成佛之道，一條除苦的智慧之道；然而在西方主流文化中，你選擇走一條紀律謹嚴而持之以恆的個人道路，尤其是這麼不尋常的道路：花功夫卻「無作為」、精進卻無實質的「成果」，直到近年仍得不到多少支持。此外，持有一些膚淺或浪漫的觀念——像是成為更好的人、變得更冷靜、更清明、更慈悲——一旦正面遭遇日常的迫切需求、身心的擾動，修習都無法持久。此外，在陰冷的清晨起床，獨自禪坐，當下除了保持醒覺以外，別無盤算。若你在心智前沿或心靈深處，對自身覺醒的潛力並對活出有覺知、有意義的生活，都缺乏深刻的願景或直覺力，那麼早起禪坐便太容易被擱置、被視為小事一樁或無關緊要——心總會編出說不完的理由，讓自己多睡一會兒或賴在溫暖的被窩裡，於是禪修被擱在一旁排隊等著。即使越來越多科學研究顯示正念擁有多種深刻的益處，也不會鼓舞你長久堅持。

如果你矢志在日常生活中長期禪修——一種生命之道，而不是給自己多添加一件待辦事項，那麼，你需要一個真正屬於自己的長久願景——一個深入、強固的願景，並貼近這樣的核心：你相信自己是誰、是什麼樣的人、你生命中重視些什麼、你要邁向什麼方向；唯有這種願景所產生的力量，以及這力量所產生的動機，才能讓你經年累月在這條禪修的道路上堅持；這需要規律性固定正式禪修，且無論想坐還是不想坐，都願意每日修習，面對任何情境皆具足正念，對當下的體驗敞開心門，讓覺知引領你發現執著或依戀之處，認出自己有放下和每時每刻都保持醒覺的潛力。

禪修一點也不浪漫。我們最需要成長的部分，往往是我們最頑強防衛、甚至最不想承認它存在的那一部分，通常是躲避都來不及，更別提能以不防衛、正念的眼光審視一番，再力圖改變了。如果不切實際地空想自己是名禪修者或更具正念的人，或長期相信既然禪修對大家都好，「對你也必定好」，或以為東方智慧看起來很浪漫或很深奧，或者你已機械性地習慣「禪修」，或在這個時代，科學清楚證明禪修有其價值，這樣心態下的禪修通常無法持久。

我們所說的禪修願景或動機必須發自內心深處，而且必須每日重新肯定、重新發現，最好每日煥發新的活力、必須每時每刻總放在心識跟前而非遠在天邊，因為正念本身需要與核心的動機、最深的發願、持久的意圖同在，還要警覺我們無窮無盡自我欺騙的能力，不然，我們還是留在被窩裡多睡一會兒算了。

修習本身就是每日體現你的願景，包含體現你最珍視的價值，這並非要改變你是怎樣的人，或成為跟原來不同的人：不是說你感覺不平靜時硬要平靜下來，也不是你很生氣時硬要慈眉善目，而是常常在心裡惦記著什麼對你是最重要的，以免在一時的衝動反應中，或在某個無聊呆滯的時刻中，修行便消失不見，或你棄修行而去。如果正念對你極為重要，那麼每一時刻都是修習的機會。

舉例來說，假設在哪一天你感到憤怒，如果你發現自己憤怒並且表現出來，你一定也同時發現到自己每一時刻都在觀察這個表現及其影響。你可以和憤怒連上線，覺知它僅僅是一種正常的感受狀態，連帶察覺這個感受的前因，並知道憤怒如何從你身體姿勢、語調、措辭和立論中表現出來，以及對別人造成的印象。有意識地表達憤怒有其意義，還有很多可以討論，在醫學和心理學上也普遍認為壓抑憤怒、內化憤怒是有害健康的，尤其是成了慣性。然而，無論多「有理」，發洩怒氣而不加控制，成了慣性和本能反應，也一樣不健康。你會感到憤怒遮蔽了心，孵化出侵略和暴力——縱使這是為了糾正一件錯事或促成一件重要的事，無論你是否站在對的一方。即使有時你無法平息憤怒，也可以感覺到扭曲的力道。正念可以讓你覺知自己和他人憤怒的毒性。我總是盡力遠遠避著憤怒，總覺得會有什麼不妥之處，即便我客觀上占有道德優勢也一樣。憤怒有天生本具的毒性，會污染所有觸及過的事物。如果憤怒的能量可以轉化為果斷和智慧，不再有「只顧自己」和「我有理」的煙硝和火焰，那麼這力量便會倍增，也會增強改變憤怒對象和憤怒來源的能力。

因此，如果你能在憤怒生起或到達高峰時，刻意去體會憤怒（你的或別人的）完整的內涵，並覺察到，之前你在火爆高漲的情緒中忘掉了更宏大、更基本的東西，那麼此時你就可以觸及內心的覺知，它不執著怒火也不受其牽制。覺知本身不是憤怒，它看得見憤怒，知道憤怒的深度；覺知比憤怒廣闊，因此可以盛裝著憤怒，像鍋子盛裝著食物。覺知的鍋子幫助我們托承並包容憤怒，讓我們看出縱使憤怒並非我們的初衷，但憤怒製造出有害的影響仍多於有利的。如此，正知幫助我們燉煮憤怒，並消化憤怒，我們便能有效利用憤怒，由慣性**反應**轉為正念**回應**，甚至根本完全超越它。當我們仔細聆聽整體情境所傳達出的訊息，如吳門慧開禪師的詩：「若無閒事在心頭」，這種選擇便會自然呈現。

我們的願景，與最深的嚮往、價值觀，以及對生命中最重要的事的個人藍圖或抱負有關。願景，就是我們實踐出來的行動，深植於基本原則。如果你相信愛，那你會身體力行？還只是嘴上說說？如果你相信慈悲、非暴力、良善、智慧、慷慨、平靜、獨一靜處、無作為、不偏不倚和清明，你會在日常生活中體現這些特質嗎？我們需要有堅強的意向，使禪修充滿活力，而不會變成純粹機械式的練習，或僅僅被習慣、信仰或認同的建構所驅動。

*

**要每日除舊布新；再接再厲，再接再厲，不斷再接再厲。**[1]

---

1 譯註：語出《湯之盤銘》：「苟日新，又日新，日日新。」

——梭羅於《湖濱散記》中引用的中國銘文

**請試一試**

問自己為什麼禪修？為什麼想要禪修？別輕信最初的答案，列下一串心裡所想到的，再繼續問，同時，探究你的價值觀、在生命中最珍視的是什麼，列出你覺得最重要的事。問自己：我的願景是什麼？心中願景和奔赴目標的地圖是怎麼畫的？這願景反映了我真正的價值和意向嗎？我是否隨時記得體現這些價值？我的修行實現了我的意向嗎？我言出必行嗎？在此刻的年齡和人生階段中，在職業、家庭、人際關係中，跟自己的關係如何？跟世界的關係又如何？在「我是什麼」和「我想要成為什麼」之間有無落差？我如何活出／體現我的願景和我的價值觀？把頭腦中抽象的想望和念頭轉化成具象的生命存在，而且融入骨血，從內心深處散發出來？我如何看待自己和他人的無明[2]和痛苦？

2 譯註：佛法中稱不如實知見，而造作顛倒的行為，是為無明。

# 禪修造就完整的人

據說在佛陀當初所使用的語言巴利文（Pali）[1]中，並沒有與我們所謂的「禪修」對等的字詞，雖然古印度早有禪修，且演化、風行到一個高度發展的程度。當時常用的字是bhavana，原是農業術語，指培育或發展。這個詞用於禪修，可譯為「經由心智訓練而得來的發展」，我認為再貼切不過；禪修正是人類貫穿一生的發展，經由刻意發展內心品質，像是慈心、平等心、洞察力，這些都源於想要探究、深入探詢自己的生命存在和萬事萬物的關係，也就是實相的本質和心的本質；這樣的心智不僅想要、而且能夠這樣提問，還能有效能地進行探索。禪修是人生的自然發展，像是長牙、長成大人的身量、造就事物、撫養家庭、欠這個那個債（甚至只是貪一時便宜，向自己欠下債，結果禁錮了自己的心靈和靈魂）、了解到自己最終也會走向衰老和死亡等等。有時候其實你被迫不得不坐下來沉思生命，質疑自己是誰、詢問此時此刻在整個生命軌跡中，意義在哪裡？

童話故事是一幅古老的地圖，用獨特的方式指導我們如何造就人類的完整發展。故事中的智慧，從沒有文字的時代流傳至今，在薄暮和黑暗中圍著篝火被分享傳誦了千年。雖然童話故事既

1 譯註：一說巴利文的出現比較晚期，佛陀當時使用的不是巴利文。

娛人又引人入勝，但所以如此，其實是因為童話絕大部分象徵著我們成長過程，以及尋求完整、幸福和平靜過程中的各種戲劇性事件。童話故事中的國王和皇后、王子和公主、小矮人和巫婆都不是「在外面」的人物，我們直覺地認識到，他們是內在心理的面向，也是我們自己生命存在的層次，在摸索找尋圓滿。我們內心既然留宿食人魔和巫婆，就必須面對或尊重他們，否則生命將被他們消耗殆盡（被他們吞噬）。一切文化傳承和各大洲的童話都是古老的指引，從千百年的流傳中被提煉出來，傳遞著智慧。在（我們繼承下來而且仍在運作的）前工業時代的心靈和時間裡存在的內在與外在的惡魔和惡龍、黑森林和荒原中，童話故事指引人類的本能求生、成長與整合，提供了至為關鍵的智慧。這些故事提醒我們該出發找尋一個象徵性的聖壇，讓我們分裂的、孤立的生命可以找到另一部分，並合而為一，為生命帶來新層次的整合、和諧與理解——或許我們真的可以從此以後幸福生活著，而所謂「從此以後」其實是指超越時間的此時此地。這些古老的故事是智慧、出人意表地成熟的藍圖，可以造就完整圓滿的人。

童話中一再出現的主題，是一個幼小的孩子——通常是王子或公主——失去了金球。無論我們是男是女，或非二元性別，是老是少，我們都曾是王子或公主（或其他無數的角色），曾經散發青春所帶來的金光閃閃的純真和無限光明的可能性，只要我們小心別讓成長停滯，便仍能攜著那金閃閃的光熱，或重新找回它。

著名詩人羅勃．布萊（Robert Bly）常指出，一個人約在八歲左右失去金球。然而，從失去直到採取行動去尋找，或意識到金球已離我們而去，這兩者之間可能長達三四十年。神話不同於一般的時間尺度，向來開始於「從前從前」，而且整個故事通常只花上一兩天。但無論現實還是童話，我們都必須先對被壓抑的陰暗能量達成協議。這個能量的象徵即是青蛙或《鐵約翰》（*Iron John*）[2]裡住在林中池底的長毛野人。

達成協議之前，你必得先認清那些人物——王子和公主、青蛙、男女野人等等——都藏在你的內心，只不過我們總是不想面對，而將他們推入無意識中；先決條件是，我們得先學會跟他們對話，但那可能非常令人膽顫心驚，因為那感覺將如同走入黑暗、未知、神祕之域。

藏傳佛教自西元八世紀生根開花直至今日，從這些人類心理中令人恐懼的面向中，發展出可能是最精緻的藝術表現。許多西藏塑像和畫像盡是奇形怪狀的惡魔，祂們均是令人尊敬的天神。我們應該記住這些天神並非一般意義的神祇，而是代表不同的心理狀態，每一位神祇都各有其神聖的能量。如果我們要成長、發展身為完整人類的真實潛力，我們就必須面對、尊重、處理這些的能量。雖然這些忿怒天神戴著骷髏項鍊，面目猙獰，看起來既恐怖又令人敬而遠之，但祂們並不邪惡。可怖的外形其實是天神的偽裝，蘊藏著智慧和慈悲，幫助我們對自己、對他人都懷有更高廣的智慧和慈悲，而且理解到他們基本上跟我們並沒有什麼不同。

2 譯註：本書被奉為美國新男性運動的「聖經」。當代詩人羅勃·布萊，藉由一則古老的格林童話，闡釋他心目中理想的男性典範，以及男孩啟蒙的八個階段，為兩性問題及男性與父母的關係提供了嶄新的視野。

佛教中，內心發展和培育的主要方法就是禪修。這是一項艱鉅的任務，可以說意義重大（momentous），這裡有雙關語的意思[3]。這需要一定程度的長期自律，就算用二元論的角度來說，也是如此。同樣的，在童話故事中，正如布萊所指出的，若要跟池塘下的野人建立起關係，也需要長期重複的內在努力——比方緩慢地用水桶將池塘裡的水舀出來。舀乾池塘、在熾熱的鐵爐邊打鐵、在葡萄園揮汗如雨，日復一日，年復一年，沒有捷徑，也沒有什麼光鮮亮眼之處。這樣的重複內在努力，以及因此參與並親見自己內心的力量，本身就是一種啟蒙。這是一個淬鍊的過程，會產生高熱，需要自律以耐受熱度，並堅持不懈，才能帶來精通、成熟和內在秩序。這種內在秩序，是靠謹嚴的紀律、高熱的溫度、深入自我的黑暗和恐懼而獲致的。即便是我們苦於內心的挫敗，也仍是在淬鍊中造就我們。有時確實會感覺像是我們生命存在的晶體結構在進行原子重組，身體也很可能受到影響。儘管這種過程可能非常痛苦，但有潛力促使我們持續認識到——剛開始時，可能只是暫時性，無法持續——並逐漸體現「我們已經是誰」和「我們實際已經是」的全部維度——要實現這一切，都必須直接瞭解我們自己內心深處複雜迷宮般的深度，以及如天際般、虛空般無盡的廣袤。

禪修歷險的美麗之處在於：修習本身便能引導我們走出迷宮，讓我們走在正道上，縱使在最黑暗的時刻，面對最可怕的內心狀態和外部境遇。禪修告訴我們還有選擇，這是人性發展的地

3 譯註：雙關語是：意義重大（momentous）和每時每刻（momentous）。

圖，通向發光發熱的自我。它不是通往已逝的孩提天真，而是朝向充分發展的成人狀態。禪修要發揮作用，我們必須願意先發揮自己的作用，付出努力。當黑暗和絕望來臨，我們必須願意正面遭遇它，勇於面對，哪怕一遍又一遍地面對，也不會依著慣性編織千百種方法來走避那些走避不了的，來逃避或麻痺自己。凡出現的，就是此時此刻的功課，挑戰一直都有——我們能否全然、正念、真心地迎接它？

**請試一試**

打開心門來面對你內心的王子和公主、國王和皇后、巨人和巫婆、男野人和女野人、小矮人和乾癟的老太婆、戰士、信仰療法之人以及騙子。你在禪修時，試著在他們前面放一張「歡迎光臨」的腳踏墊，並看著他們生起，然後以國王、皇后、戰士或聖者般的姿態端坐。在混亂或黑暗中，以入出息做為領你走出迷宮的線索。縱使在最幽暗的時刻，也要維持生生不息的正念，並提醒自己，覺知並非黑暗或痛苦的一部分，反而是一個空間，托承著痛苦，並以概念式和非概念式親身認識痛苦，所以覺知必然是更基本，而且更接近你內在健康、強壯、金色、光耀的部分。

# 修習便是道

在人生旅程的半途轉醒
發現自己置身於一個黑暗森林裡
林中正確的道路已無跡可尋

——但丁《神曲．地獄篇》（Dante Alighieri, *Divine Comedy*, "Inferno"）

在所有的文化中，旅程都被用來隱喻生命以及探尋意義的過程。在東方，「道」一詞的中文意思為「方法」或「路徑」。佛教中，禪修常被喻為道路——正念之道、正見之道、真理之輪（法輪）行進之道。廣義上，「道」和「法」也意謂事物的實相，即統轄一切存在和非存在的法則性。所有事件，無論在表面上看來是善或惡，基本上都與道和諧並處，而我們必須學著去認識這底層的和諧，並根據這個認識來生活、來抉擇。然而，正確的道路究竟何在，往往未必清晰，於是留有大量的空間供我們主動選擇並採取有原則的行動，同時緊繃和爭議自然也有機可乘，更別提還有可能完全迷失了去路。

禪修時，我們承認並重新確認，就是此時此刻，自己正走在生命的道路上，道路是走出來的，就是這一步，此時此刻，活著的每時每刻，道路將自行展開。禪修更正確的說法是「道」而非技巧，是存在之道、生活之道、傾聽之道、走在生命之道並與事物本來面目和諧相處、明智處理之道，而非希望事物成為我們理想中的面目。這部分意謂著我們得承認自己有時候（而且往往是關鍵時刻）確實搞不清楚要往哪裡去？或道路到底在哪裡？

然而同時，我們又好像很清楚此刻身在何處（即使是知道你迷路了、迷惑了、被觸怒了、痛苦、沒希望了）；我們往往不知不覺陷入迷妄的信仰，以為我們真的知道自己要到哪裡去，其實我們真的不知道，尤其是在我們被自私的野心所驅策，強烈想獲得或想逃避某些事物時，會有一種自我膨脹的盲目讓我們自以為知道，但其實我們遠不如自己想像中知道的那麼多。

北德的格林童話中〈生命之水〉這個故事，講的是傳統的三兄弟、王子等等的故事。兩個哥哥既貪心又自私，三弟則仁慈又關懷他人。在父王生命垂危之際，一位老者神祕地出現在皇家花園，問他們為何悲傷；得知原委後，老者建議用生命之水可以治癒父王的病：「如果國王喝下此水，定會恢復健康；只可惜此水難尋。」

首先，大哥請命為父王尋找生命之水，私下的目的是想討好奉承，博取寵愛，以便繼位為王。他上路不久，便在路旁遇見一個小矮人攔住他，問他要趕去哪裡。但因他急於趕路，便輕蔑以對，命令小矮人閃開，別擋路。大哥表現出一付知道要往哪去的樣子，只是因為他以為知道要尋找什麼，其實他並不見得知道。大哥克制不了他的傲慢和無知，他並不了解在任何時刻，生命中許多事情都能以許多種方式展現並開啟。

童話中的小矮人當然也不是外在的人物，而是象徵人類內心的更高力量，包括直覺。因此我們可說，大哥是不能運用善意和智慧來導出自己的內在力量，並感受自我的存在。由於大哥的傲慢，小矮人安排他進入越走越狹的深谷，以致於進退兩難、轉身不得；換言之，卡住了。然後，他就困在那裡，但故事仍繼續進行。

見大哥沒回來，二哥便出發試試運氣，也同樣遇上小矮人，他拿出跟大哥一樣的態度對待小矮人，結果跟大哥一樣卡在那裡，他們既是同一種人的不同面向，所以你也只能說有人永遠學不到教訓。

又過了些時候，老三終於啟程尋找生命之水，他也遇見小矮人，小矮人問他為什麼行色匆匆，不同於兩個哥哥，他停下腳步，然後下馬，詳細秉告小矮人原由：父王病入膏肓，要找生命之水，並且承認自己完全沒有頭緒要往哪個方向尋找。當然，小矮人聽了就說：「哦，我知道要去哪裡找。」他告訴老三生命之水的位置，怎麼走才能到達，過程頗為複雜，老三仔細聽了，並牢牢記住他說的話。

這個豐富雕琢的故事在情節逐步開展時相當曲折，但我得就此打住，讓感興趣的讀者自行探索。這裡的重點是，有時候應該對自己誠實，承認不知道路在哪裡，並打開心門接受意想不到的幫助，這樣一來你就能獲得內在與外在的能量和盟友，這是源於誠摯和無私。當然，自私的哥哥們也是心理的一個面向。故事的寓意是，他們是陷在人類常見的自私和傲慢的狀態中，因而忽視事物更廣大的秩序；這個態度終究會領你走進生命的死胡同，進也不是，退也不是，轉身也不成。這故事告訴我們，用哥哥的態度不但永遠找不到生命之水，而且會陷入困局，甚至可能一輩子出不來。

正念邀請我們認識、尊重，並聽從自己內在的小矮人能量——可以說是我們心底最深處的直覺和智慧——而不是用疏離事物真實本質的心態，或為偏狹的野心，或個人利益所驅策，急功近利。這故事是說，只有覺知事物如實的狀態，才可能暢行無阻，這包括我們願意承認摸不著頭腦要往何處去。么弟在故事中還有好長的路要走，才能完全明瞭事物如實的狀態（比方跟哥哥的關係）；在他擁有完全的真誠本色和智慧的維度之前，必須承受欺詐和背叛的痛苦教訓，為天真無知付出高昂的代價。故事中運用象徵，讓他最終策馬走上鋪滿黃金的路，並與公主結為連理（我還沒機會跟你提過公主呢），繼位為王——坐上他自己的王位，而非父王傳襲的王位。

**請試一試**

視這一天的生命為旅程和歷險，問自己，此刻你往何處而行？在找尋什麼？又置身何處？到了旅程的哪一階段？如果生命是一本書，你會取什麼書名？會為此刻身處的章節下什麼標題？現在，你有進退不得的感覺嗎？此刻是否能自由自在對自己所有的能量打開心門？請注意，這旅程是你的，無人能替代，所以無論你選擇哪一條道路，就是自己真實的選擇，你不可能一面模仿別人的軌跡，一面還能忠於自我。你準備好尊重自己這樣的獨特性，真誠地做你已經成為的如實樣貌，完完整整了嗎？你看得出禪修的決心是生命不可少的一部分嗎？你能矢志每時每刻都以正念和覺知照亮你的道路嗎？你能看出自己容易受困於內心慣性嗎？或者，受過困嗎？

# 禪修：勿與正面思考混為一談

我們擁有思考能力，這件事實區隔出人類和其他物種的不同，而且這是一樁無以倫比的奇蹟；但若一不小心，我們的思考可能會排擠掉生命中同等珍貴又奇妙的面向。覺醒（wakefulness）往往是第一個被排擠的。如果思考是超能力，如處於最佳狀態，確實如此，那麼人類的覺知便是更廣大的超能力；覺知在價值和廣度上超越了思考，也可以轉化思考為智慧和慈悲。

覺知和思考是不同的智能，覺知並不等同思考，雖然覺知可很輕易運用思考，當然會肯定思考的價值和力量，但覺知卻是超越思考的。覺知像一個大而無限的容器，可承載並包含思考，幫助我們看見並知曉我們的念頭就是念頭，不會誤把念頭當作現實。神經科學希望了解覺知以及如何獲得覺知，卻仍所知甚少，但覺知是人類的標誌，而且和地球上其他形式的眾生有著神祕的連繫。

我們知道，思考的心有時是極其碎片的，事實上，它幾乎總是如此，這是思考的本質，一方面是「這」，另一方面是「那」。而且兩者之間常常存在一種神祕而有潛在創意的拉扯。但覺知是以自覺的意向，抽絲剝繭梳理每一片刻，幫助我們覺察到：即使在碎片中，我們本質早已統合為一個整體，而且一直如此。覺知不僅不受限於碎片化的混雜思考，還是個盛裝著所有碎片的鍋，就像湯鍋可以盛裝著切塊的胡蘿蔔、豌豆、洋蔥等等，使合為一體烹煮成湯。但覺知是個魔鍋，像魔法師用的鍋，因為覺知不必任何操作就能煮熟食物，甚至下面無須生火；只要覺知得以持續，就能烹煮，你僅須將思考碎片放在覺知中攪拌，無論身心上發生什麼現象，均自動入鍋，成為湯的一部分。

禪修並非用更多的思考來改變你原來的思考，而只是觀照念頭本身，這就是盛裝著念頭。觀照心念而不被牽引過去（或看到你多容易被牽引過去），你可以從中學到非常深刻的解脫智慧，幫助你不再被那些思考模式禁錮得那麼森嚴。那些思考模式——在內心往往非常強烈——常常是狹窄、不精確、自我中心而且經常自責、慣性到了囚禁自我的地步，而且幾乎總是全盤皆錯或者甚不完整。

另一種有助於理解禪修的方式，是將思考過程視如瀑布，念頭持續傾瀉而下，一個接著一個。一旦培育了正念，我們便能安穩站在思考的背後，猶如在山洞內，或在瀑布後的洞穴或岩石的凹陷處發現利於眺望的視角；我們仍看得見、聽得到瀑布，但我們置身於激流之外。

持續這樣修習，思考模式便會自行改變了，變得可以滋養一種整合、智慧和慈悲的生命，但這改變並不是因為我們努力以一個更好、更清淨的念頭去取代另一個念頭；反而是去了解念頭的本質就是念頭——念頭只是覺知領域中浮現的各自獨立而且非關個人的事件——也了解我們和這些念頭的關係，然後使念頭能為我們所用，而不是我們被念頭役使。

如果我們決定做正面思考，可能也有用，但這不叫禪修，只是更多思考，而且很容易會變成所謂正面思考的禁錮，如同我們曾是負面思考的禁錮一樣。正面思考也可能是有局限、碎片化、不精確、虛妄、自我中心、錯誤的，因此，我們還需要另一個元素來共同轉化生命，帶我們超越思考的限制。

# 向內

我們很容易產生一種印象：禪修是向內或安住在自己之內，但「內」「外」是有限的區分。在正式禪修的寂靜中，我們的確將能量轉向內心，後來卻會發現我們的身心其實包含了整個宇宙。

長期在內心安住，我們會發現向外追求幸福、理解和智慧，是極度貧乏的。並不是說上帝、周遭環境和他人不能幫我們找到幸福和滿足，而是我們的幸福、滿足和智慧，都比不上向內了解自己的內心能力，以及自在地向外接觸外在世界能力來得深刻，這深刻的自在是來自對身心的運作產生了親密的熟稔度。

若是每天有一段時間讓身體安頓於寂靜中，僅僅安住於覺知中，我們將探觸到內在最真實、最可靠、卻總是被忽略而未能開發的部分。一旦我們能與自身、或在自身之內怡然相處，即使短暫面對外境的拉扯，也不需要到他處去尋找任何事物來填補空虛或覓求快樂，或者急著進入下一時刻，這樣，我們便能與一切事物的如實面目和平共處，每一時每一刻。

＊

別走到屋外去看花，

朋友，別麻煩跑一趟了，
你體內就有花，
一花千瓣。
那就是可以安坐的地方，
坐著，你會瞥見美，
身體之內和身體之外，
去花園前和去花園後。

——喀比爾

*

重為輕之本，
靜為動之源。
聖人鎮日遊行，
卻未曾離家。
無論經眼的多麼華美豐盛，
她始終寧靜安住自己之內，超然物外。
為何大國之君

第一部
# 此時此地如花盛放

反而輕率其身從而輕率天下？
任由自己隨風飄盪，
便丟失了根本；
任由自己躁動，
便失去了真實的自己。[1]

——老子《道德經》

*

將你的眼睛引向內心，你會發現
尚有千重領域未探。
將此諸境行遍，
修成內心宇宙學的專家。

——梭羅《湖濱散記》

1 譯註：老子《道德經》二十六章：「重為輕根，靜為躁君；是以聖人終日行不離輜重，雖有榮觀，燕處超然。奈何萬乘之主，而以身輕天下？輕則失根，躁則失君。」作者引譯文與原文略有出入。

**請試一試**

下次你感到不滿足，缺了什麼，或事情不對勁時，就向內探尋，當做個實驗，看看能否掌握到當下那一刻的能量。與其伸手拿手機或其他方式，不如給自己一個空間，讓事物在此刻就是原原本本的面目，無論是愉悅的、不愉悅的，還是中性的。坐下來，進入那入出息之流，幾分鐘都行，別找尋——花朵、燈光或美景，不頌揚任何事物的長處，也不貶抑任何事物的不足，甚至不去想著自己「要轉向內心了」，只是坐著，安住在世界的中心，讓事物以如實面目呈現。

## 第二部

# 修習的心要

我們身後的過去和眼前的未來，
比起我們當下的內心，都微不足道。

# 禪坐

坐有什麼特別？如果說的是平常的坐姿，那沒什麼特別，不過是一種方便身體消除雙足負擔的方便；但如果談到禪修，坐姿可就非常特別了。

你可以輕易由外表看得出來。舉例來說，一個人若站著、躺著或走著，你可能看不出他在禪修，然而，他若坐著，尤其是盤腿坐在地板上，你立刻知道他在禪修。即使他閉著眼睛，面部表情寧靜而平和，但從任何角度視之，這坐姿仍有覺醒和活在當下的特質；這坐姿自然莊嚴並堅實，有如山岳，清楚展現著穩定性。然而這個人一旦打起瞌睡，這些特質立即蒸發，內在的心塌陷了，身體外觀的坍塌更是一看便知。

禪坐往往是在一段較長時間內，建立起端正而尊嚴的坐姿，並且保持這種姿勢。雖然保持挺直的姿勢相對不難，然而這還只是一連串的挑戰過程才開始呢。你也許可以輕易「停放」身體，但還是有個問題：心要怎樣停放呢？禪坐無關乎採取什麼特殊的身體姿勢，無論那姿勢多有力量，而是心採取某種特定的姿勢，是心在禪坐。

禪坐有很多方式可以探觸當下，全都需要刻意專注、不加評斷。不同之處只是在於你專注的目標和方法。但要記住，**專注本身才是最重要的，而非專注的目標**，無論目標為何。

最好是簡單些，從貼近自己之處開始，運用身體、和入出息的覺受——吸進呼出時，專注於覺受最鮮明的部位，然後，你可以將覺知擴展至一切念頭和感受、認知和衝動、身心和世界的來去與迴旋變化，但你需要一段時間讓定力和正念穩定起來，如此，覺知才能對迅速變化的眾多目標廣為觀照，不致迷失其中，或對某個特定的目標產生執著，或感到不堪重負。我們大多需要好幾年的功夫才能做到，但也多半取決於你的動機和你如何讓事物如實存在，不強求——無論如何都盡可能忠實保持正式禪修，矢志日日、週週、月月、年年、數十年不懈。一開始你也許最好專注於入出息最鮮明的身體覺受，或以其為錨索，只要發現專注跑掉，就把它收回。試個幾年，看看會如何。

## 請試一試

每天排定一個時段，只為體驗生命的存在，五分鐘就很足夠，但如果你勇於冒險，十分鐘、二十分鐘、三十分鐘也都很好。坐下來，注視每一時刻的展現，除了全然置身其中，沒有其他的盤算，以身體的入出息為錨索，將專注力栓於此時此刻。每當你的思緒隨著心中風生水起，各處漂移，只有在某些時候錨索被扯緊，你才被帶回來，這可能會一再發生。總之，每次迷路的時候，入出息不斷重新將專注帶回身體，也許是腹部生動而鮮明的覺受。盡量保持正直而尊嚴的姿勢，卻不僵直，並想像自己是座山。

由於每座山都是獨一無二，從各個角度看都不相同，橫看成嶺側成峰。讓你的身體決定如何體現你想要坐在當下的意向——如果你坐下沒問題——無論是在地板上配有適當的坐墊上（通常是蒲團[1]上放一個禪坐墊[2]），還是在一把直背椅上。如果這種方式對你身體的特殊狀況或需求來說過於拘束或有其困難，那麼不妨發揮創意。試著成為一棵樹，一塊巨石，或者蓮葉上的一隻青蛙。只要能與你的身體狀態相契合並支持身體的方式，就是正式修習的正確入口。

1 譯註：zafu，日語為座蒲，中文為蒲團。
2 譯註：zabuton，日語為座布団，中文為禪坐墊。

# 就座

走到坐墊或坐椅時，最好帶著明確就座的意識。禪坐與隨便找個地方坐下來大相逕庭。就座時，你所選擇的地點以及充滿全身的正念，讓你的禪坐蘊含一種能量。你雖然坐著，但坐姿體現出一種「立」場，猶如「採取一個立場」（taking a stand），你十分尊重那個時刻的禪坐地點、身心的整體配置和動機。當然，每次你坐下時，都是在生活中體現覺醒而採取一個堅定立場，這不是為了未來的某一時刻，而是此刻。所以，採用一種體現這種意向的坐姿是有幫助的。讓它成為一種決然的行為——明智的行動，愛的行動。盡可能既堅定又溫和，沒有任何強迫或做作。

我們心存這一切準備而就座，著手禪修，不必拘泥於地點或姿勢。室內或室外也許的確有一「能量強大之處」，但若你在心態上已採取了一個立場，便能以任何姿勢自在地坐在任何地點。一旦你的心、身同心協力把身體、時間、地方和姿勢保持在覺知中，亦不執著於什麼特定的方式，直到那個時刻，且唯有在那個時刻，你才是真正在禪坐。

# 尊嚴

要描述坐姿，最適宜的字眼就是「尊嚴」。

只要一坐下來禪修，我們採取的姿勢就跟我們對話了，姿勢會有自己的宣言。你可以說姿勢本身就是禪修。如果姿態萎靡，便反映出我們能量低落、被動、欠缺清明；如果姿勢過於僵直，我們就太緊繃、用力過度或太過努力。我教導禪修時，一旦用了尊嚴這個詞，譬如說了「以尊嚴的方式坐著」，每個人便很快地坐得更直，但不僵硬，面部放鬆，肩膀自然下垂，頭部、頸部、背部自然對齊，脊椎帶著能量自骨盆直立起來，有時人們會向前移，自動自發遠離椅背，每個人好像都立刻知道尊嚴的內在感覺，以及如何接納並體現出來。

也許我們只是不時需要一點提醒：我們已經很有尊嚴、很值得嘉獎、很有價值。可惜我們自己有時不這麼想，因為心中懷有佈滿創傷和傷疤的過去，或叫人惶惑又不確定的未來。通常我們不會覺得自己不配、沒有價值，這全是灌輸出來的，我們小時候被教過上千次「我不夠好」，學得夠扎實了。

所以，當我們禪修就座，並提醒自己醒覺、尊嚴地坐著，我們便重拾原有的價值、原有的美，這本身就是一則強烈的宣言，我們內心必會傾聽。我們準備好聆聽了嗎？在此時此刻，那一刻，還有另一刻……我們準備好傾聽直接經驗的流動了嗎？

**請試一試**

有尊嚴地坐上一分鐘，注意你的感受；再試著有尊嚴地站立，你的肩膀在哪裡？你的骨盆、脊椎、頭部如何？雙腿和雙腳呢？有尊嚴地行禪意謂什麼？

# 姿勢

當你強烈地想好好禪坐，身體姿態便自會宣示深刻的信念與決心，這種心智和心靈的特質向內向外散發開來。有尊嚴的坐姿本身便肯定了當下即有自由，也肯定了此時此地生命中有和諧、美麗與豐盛。

有時你覺得與生命連上線，有時則茫然失聯。在你感覺沮喪、壓力沉重、迷惘的時刻，禪坐可以帶出你此刻生命的力量和價值。如果你願意鼓起耐心來禪坐，即使只是片刻，也能將你和生命重要的本質連結起來，那個重要的本質超越起或伏、自由或沉重、清明或迷惑，它與正念同宗同族，不隨內心狀態或生命境遇上下波動，猶如一面鏡子，大公無私地將面前遭遇的一切都反映出來；它深深地理解到：所有呈現出來的、任何動搖生命或壓垮你的事物，終將不免變化，無一例外。單為這個理由，你就可以勇敢面對鏡中的此時此刻，這可能是注視它、接納它的存在，並乘著一路展現的浪頭，就像乘在入出息浪頭一般，你有信心自己遲早會知道如何去行動，與此時此刻握手言和，移入、穿越並超越它。而這一切並不是依靠努力而實現，而是對每一時每一刻的專注觀照、順其自然和充分感知。

正念禪坐並非逃避問題或麻煩、斷尾求生、遁入專注或否定的「冥思」狀態；相反的，如果當下內心最鮮明的狀態是痛苦、迷惑和失落，正念將願意與之迎面相對，並在心中穿梭的念頭和情緒之下，持續觀察一段時間。如果生起任何理解，時間點必定是水到渠成，僅僅在你維持坐姿，與當下狀況，也與入出息同在之時發生。

在禪宗傳承中，鈴木俊隆禪師是這樣說的：「你以正確姿勢坐著，內心狀態本身就是開悟。……這些（禪坐）形式並非獲得正確內心狀態的方法，採取這個姿勢本身即是正確的內心狀態。」因為在禪坐中，你已經與最真實的天性有所連繫。

所以，練習禪坐的第一要務是：必須讓身體肯定、散發、傳播一種生命存在的態度；你決心承認並接受任何時刻生起的任何心念。這樣坐著，就是不執著、也不動搖的穩定狀態，如一面澄澈的鏡子，只反映著事物，本身卻是空寂的、接納的、開放的。這樣的內心狀態，跟這樣的姿勢和選擇就座的方式有內在關係，姿勢本身也體現出心之狀態——尤其如果姿勢是不勉強、不造作的。

這就是許多人之所以發現：山的意象有助於在禪坐中加深定力和正念；運用山岳崇高、厚實、宏偉、不搖撼、根深柢固和穩定的特質，直接融入我們的姿勢與心態之中。

隨時注意將這些特質融入禪修中，無論你的心處於何種狀態，特別是並未處於極度壓力或混亂的時刻，你應一再反覆練習體現尊嚴、寂靜、不動搖的平等心，如此能為正念和平等心打下堅實而可靠的基礎，即使你遭遇極度壓力和情緒擾動，也有同樣效果，但前提是你必須修習、修習、多修習。

你可能以為自己已經懂得如何維繫正念，因此平時省著正念不用，等大事臨頭才施展出來，這種想法雖然誘人，但千萬別這樣做；大事的力量太強，一下子就能把你壓垮，連帶會將你的平等心與你自以為知道如何維繫正念的浪漫想法一同化為無形。禪修是緩慢而紀律謹嚴的工作，一如挖掘溝渠、在葡萄園汗流浹背做工、一桶接著一桶舀乾池水，又可以說：把臀部放在坐墊上，是字面上，也是隱喻上，就這麼坐著，有時候也許堅持到比你感覺舒適的時間再久一點。這是超越時間的工作，也是一輩子的工作，兩者無縫纏合為一。

# 手該怎麼放？

千年以來，在瑜伽和禪修的傳統中，人們描繪出各種微妙的身體能量通道，並加以理解，以資運用。我們直覺地知道，我們身體的所有姿勢訴説著其獨一無二的宣言，向內播送，也向外散發；外在的姿勢人們稱之為「身體語言」，我們可以藉由這種語言看出別人對他們自己的感覺，因為人們不斷播放這樣的訊息，凡接收夠敏鋭的人都接收得到。

然而，在這種情況下，我們指的是對自己的身體語言——換句話説，內在的面向——敏感之價值所在。此處，這種覺知可以催化大幅的內心成長和轉化。在瑜伽傳統中，正念和意向的領域包括特定身體姿勢，稱為手印（mudras），就某種意涵來説，所有姿勢都是手印：每個姿勢都是特別的宣言，也伴隨著一種能量特性。但手印的意涵通常比整個身體姿勢來得深細微妙，重點在於手和腳的位置。

如果你去博物館仔細觀察佛陀的畫像和雕像，很快會發現數百種不同的禪修描繪，無論是坐禪、立禪、臥禪，手部姿態各有不同。以坐禪來説，雙手有時放在膝上，手掌向下；有時一隻或兩隻手掌都向上；有時一隻手的一根或多根指頭碰地，另一隻手向上。有時雙手同時置於膝上，一隻手的指頭疊放在另一隻手的指頭上，大姆指指尖輕扣，有如圈著一顆隱形的蛋，形成「禪定印」（cosmic mudra）。在傳統基督教的祈禱中，有時候手指和手掌一起放在心的位置，這同樣的姿勢，在亞洲文化裡，是人相互作揖行禮時，象徵禮敬對方的聖性以及兩人關係的聖潔。

這些手印都帶著不同的能量，你可以用自己的禪修來實驗，比方說，試著將手掌朝下放在膝頭，體會自足的感覺。對我而言，這個姿勢意謂著不再尋尋覓覓，只要與現有的一切同在，便已完整。

如果你具足正念翻開雙掌向上，可能會注意到身體能量的變化。對我而言，這樣的坐姿，接納性十足，也就是對著手掌上方和天界的廣袤打開心門。有時我感到一股衝動，對其上的能量敞開自己；尤其是混亂或困惑的期間禪坐時，刻意體現自己的接納性將會非常有益。僅將手掌朝向天界就可產生接納性，但你其實並非積極尋求某種神奇力量來幫助你；相反的，你自己即可擁有更高層次的洞察力，只要願意在內心與一般認為是崇高、神聖、天界、宇宙、普遍的能量，以及更高的秩序和智慧共鳴。

所有手的姿勢都是手印，與或微細或粗顯的能量有關，以拳頭的能量為例，當我們生氣時，常咬緊牙關，雙手很自然就握成拳頭，有些人在人生中常常不自知地練習這個手印。每做一次，就灌溉一次憤怒和暴力的早期種子，不幸的是，種子自然也以發芽茁壯來回報這等照顧。

下次若你因憤怒而握拳，試著帶著正念去感受拳頭所體現的內在能量，感覺其中的緊繃、憤怒、仇恨、氣惱、侵犯和恐懼。正值憤怒當前，不妨接著做一個實驗，如果引你憤怒的人在場，試著鬆開拳頭，將雙掌合十，放在心的位置，在他面前呈祈禱的姿勢（當然，對方可能弄不清你在搞什麼名堂），看看僅只是保持那個姿勢，憤怒和苦痛會發生什麼情況。

一旦擺出這樣的手印，我發現我就無法繼續生氣，倒不是說我不應該生氣，而是因為各種其他感受開始浮現，框住憤怒的能量並馴服了它——像是對另一人生起同理心和慈悲心，更能理解我們雙方何以陷入此一地步……還有，此事不可避免引出彼事，這也觸發了非關個人因果關係鎖鏈。我們也可以（錯誤地）對這後果耿耿於懷，結果必導致無明加深無明，瞋恨加深瞋恨，智慧和善意便無從產生。

當甘地（Mahatma Gandhi）被近距離暗殺時，他向刺客雙手合十，口中唸誦咒語（mantra）[1]，然後死去。他在鍾愛的薄伽梵歌（Bhagavad Gita）[2]的引領下，多年的禪修和瑜伽修行，使他能夠毫不執著於自己所從事的任何行為，包括對待自己的生命，而能夠在生命被剝奪之際，選擇自己的態度；他並未懷著憤怒或驚訝死去，他早知道自己始終處於危險當中，但他訓練自己跟隨日漸成長的洞察力而行事、跟著內心鼓聲前進，了解何謂睿智的行動，儘管他在某些方面有自己特殊的固執，但他已真正體現慈悲，加上對政治層面和精神層面的自由有著不可動搖的決心。相較之下，他自身的安危就顯得微不足道了，他總置死生於度外。

1 譯註：印度教、大乘佛教中的祈禱文，亦即印度的「真言」，直譯「曼陀羅」，意即真實之語，也就是本來的聲音。

2 譯註：字義是「被神保佑者的歌」。大約成書於公元前五世紀至公元前二世紀，是第一部專門記載瑜伽的文獻，解釋了人、自然和神之間的關係，內容主要宣揚正義的行為、人應克盡職責而不重結果。

**請試一試**

請覺察在一天之中不同時刻和正式禪坐中，內心體現或散發的細微情緒特質。請特別注意手部，手的位置不同會產生不同的感受嗎？看看這時你如果能更「正念於身」（bodyful），會不會更加「正念於心」（mindful）？

在禪坐中，練習加強感知手部，看看對觸覺有無影響？從開門到與人親密，任何事都關乎觸覺，你可能開門時毫無自覺，以致手不知其他身體部位在做什麼，結果撞上玻璃門，或磕到頭。試著想像一種挑戰：不要出於慣性而碰觸另一個人，不要想獲得什麼，僅只是與他同在，僅只是關懷。

# 離座

一節正式禪修接近尾聲時，會有一種微妙的狀態出現：由於預期到禪修即將結束，正念便開始鬆弛散漫，如何處理此一情況極為重要，這種過渡狀態正可以加深修行，並擴大修行的範圍。

正式禪修中一節行將結束時，若非特別專注，可能一時稍不留意便開始想別的事情了，禪修剛才如何結束，渾然毫無覺知，充其量也不過是朦朧不清的印象。你可以試著正念觀照不想再坐的念頭和衝動：無論你已靜坐了一小時或三分鐘，突然有個強而有力的感受告訴你：「我坐夠了。」要不然你就會看看錶，告訴自己：時間到了。

禪修時，尤其沒有使用某種音檔引導時，看看你能否測知想要離座的第一個衝動，以及隨之而來的感受如何越來越強。一旦能認出每一個衝動，就用入出息與之同在一段時間，然後問自己：「是誰坐夠了？」試著探究衝動背後的起因，是疲勞、無聊、疼痛、不耐煩？還是僅僅是離座的時間到了？無論是哪種情形，切莫慣性反射式地跳起來或轉向其他事情，在探究的念頭中逗留一會兒，以入出息靜觀片刻，長些亦可，讓離座的動作也成為當下覺知的觀察對象，跟禪修中其他時刻別無二致。

這樣的練習有助於我們在停止或結束某事，而開始另一事的情況中，磨練我們對不同情境的敏感度和覺知，小至關門這樣簡單短暫的動作，大至如結束一個生命階段的複雜和痛苦。關門在整個生命中是多麼不起眼的芝麻小事（除非小寶寶在睡覺，或家中有人生病），因而成為漫不經心的慣性動作，但正因為關門是這麼微不足道，更能啟動並加深我們的敏銳度、觸知每時每刻的能力，抹平慣性不自覺行為的深層皺褶。

奇特的是，在我們最重大事件的結尾和生命過渡期，包括衰老和死亡，失念的行為都在其中扮演要角，這裡要提醒的是：正念也可發揮十足的療癒效果。我們可能抵死防禦痛苦的情緒——無論是恐懼、悲痛、哀傷、羞慚、失望、憤怒，甚至喜悅或滿足，於是我們不自覺地逃入麻痺的雲霧，不准自己有任何感受，或不准自己知道正在感受什麼。無知無覺如同迷霧，遮去生命中最深刻的機會：像是端看無常變化如何運作；去連繫情緒底下「生命存在」和「生命成為」（being and becoming）的普遍性和客觀性；去探觸我們渺小、脆弱、短暫的祕密；並與無可避免的變動和結尾和平共處。

禪宗的團體坐禪，有時會以用力打板的聲響作為結尾，不像溫柔的罄聲，絕不讓你浪漫地逗留其中，輕鬆自在地結束禪坐。此處的訊息是斬斷——是做其他事的時候了！如果你正在做白日夢，即使只有淺淺一點，木頭聲響起時，也會讓你驚跳起來，同時向你指出：置身當下的時間是多麼地少，也提醒你禪坐已然結束，現在我們要重新面對嶄新的時刻了。

其他宗門傳統則用輕柔的罄聲或鑼聲，為團體禪修畫下休止符，讓柔和的聲音將你帶回，也提醒你注意：罄聲響起時你是否內心鬆懈了。所以，當禪坐結束，柔和溫婉很好，粗重響亮也很好，兩者都提醒我們在過渡時刻全心全意置身當下，提醒我們：所有結束，同時也是開始。最重要的是如《金剛經》所言：「應無所住而生其心。」這偈句在數世紀之前曾啟發六祖惠能大師踏上修行之道。只有在那個時刻，我們才能如實見到事物的面目，並以全部的情感和智慧做出回應。

＊

聖人視物如其所是，
不欲加以控制，
他任事物順其自然之道，
並安住於圓之中心。[1]

——老子《道德經》

1 譯註：老子《道德經》二十九章：「將欲取天下而為之，吾見其不得已。天下神器，不可為也，不可執也。為者敗之，執者失之。故物或行或隨，或歔或吹，或強或羸，或載或隳。是以聖人去甚、去奢、去泰。」作者所引譯文與原文略有出入。

**請試一試**

覺知禪修如何結束，無論是臥、坐、立、行，要專注於是「誰」結束的、如何結束、何時結束、為何結束，切莫以任何方式評斷禪修或你自己——只是觀察、只是感知一事過渡到下一事的時刻，並提醒自己，真正的禪修是生命本身，不只是正式禪修的時刻。因此，探索無縫接軌的連續覺知，看著它跨越各種過渡、結束和開始，應該很有趣。

# 禪坐多久才好？

問：卡巴金教授，我該禪坐多久？

答：我怎麼知道？

老是有人提出禪坐該多久的問題。從正念減壓課程剛開辦時我就感覺，醫生或其他醫護人員轉介病患來上課一開始，病患就應該有相當長的正式禪修，其實，正念減壓課程要求病人改變生活方式，也就是在上課的八週內，每日禪修四十五分鐘，一週六天，練習不同的禪修方式。我們很明確地說明：「你不必非喜歡它不可，只需要在上課八週練習即可。結束時，請確切告訴我們是否得到好處——而不是介於是和否之間。」這樣約定之後，人們很開心在這些條件下實行，這是對自己及其他可能性的投資。正念減壓課程在開辦近四十五年之後，仍然如此要求。

從一開始的基本原則就是這樣：如果你對人多要求一些，或者他們有動力對自己多要求一些，尤其是在相對較短的八週時間內，那麼你可能會多得到一些。但是，如果你只要求一點點，那麼你最多也就只得到那麼一點點，取法乎中，僅得其下。

四十五分鐘似乎夠長，足以進入寂靜，並在一段時間內每一片刻都維持專注，也許至少體驗到更深的內心安頓和寧靜，也就是沒有算計，安住當下，感受到一時的幸福感，因此感到自在。

這段時間也足以有充分的機會來接觸更具挑戰的內心狀態——我們通常希望極力避免它，因為它們占據生命，嚴重消耗（當它們還不足以完全將我們壓垮時）我們保持冷靜、正念和接納的能力。當然，一般出現對於心智的挑戰多是無聊、不耐煩、挫折、害怕、焦慮（包括擔心你要是沒有浪費時間來禪修，可以完成這事那事）、幻想、回憶、憤慨、痛苦、疲勞和悲傷。

結果這種直覺沒錯。大部分來到正念減壓課程的人，都願意做出極為不易的調整：每天盡量練習四十五分鐘，至少持續八週。許多人堅持不懈，於是踏上新的生命道路，禪坐不但變得容易，而且變得必要，成為救生索、同時是嶄新的生命存在方式、嶄新的日常生活方式。

這種看待事物的方法卻有另一個角度：在某個人生命的某段時間，禪修可能略有困難，但尚屬可行，然而同一個人的另一階段卻完全不可行。「長」和「短」的觀念充其量是相對的，獨自撫養小孩的單親媽媽不可能有完整的四十五分鐘用於任何事，難道說她就沒資格禪修？

若你的生活充滿沒完沒了的危機，或身陷混亂的人際關係或經濟問題，就算有時間，也可能很難找到心理能量來長期禪坐，也總會有事情跑出來插隊，特別是當你想著：必須在生活中找到四十五分鐘的淨空，才能開始禪坐；又如果與家人擠在一間狹仄的房子裡，禪坐也不會自在，這可能成為每日修行的重大障礙。

醫學院學生很難找到固定而長期的時間來從事「無作為」，其他如面對高壓職業、高要求情況的人也很難。而有些人只是對禪修感到好奇，卻缺乏強烈動機去突破自以為的不方便、時間壓力或舒適感，更是如此。

對於在生命中尋求平衡的人，一定程度的靈活度不但有益，而且必不可少。禪修與鐘錶上的時間並無多大關連，禪修五分鐘可能跟四十五分鐘一樣深刻，甚至更深刻，你努力的誠懇度遠較花多少時間重要，既然我們談的是踏出小時和分鐘的計量，並邁入當下，這完全超越時空，因此是無窮無盡的；所以，如果你有動機修習，就算只有一點點，就是重點所在。正念需要點燃並滋養，並防著忙碌生活的強風或躁動苦惱的心侵襲，正如一簇小火焰需要遮擋保護，才不會被狂風吹熄。

如果一開始你可以正念觀照五分鐘，甚至只有一分鐘，也已經非常了不起，這意謂你已記得停下來，而且意謂即使只有片刻從「作為」轉移到「成為」也十分重要。

我們教醫學院的學生禪修，幫助他們處理現今醫學教育體制中的壓力，甚至於創傷；也指導大學運動員要在訓練身體的同時，也訓練內心，使臨場有最佳表現；我們訓練肺部復健計畫的成員，幫助他們在禪修中學習如何以新方式與呼吸為友、如何處理呼吸問題；或讓員工在午餐時間上減壓課，我們都不會堅持四十五分鐘（我們只這樣要求自己的病人，或對那些因為自身的原因，已經準備好要深入改變生活方式的人）。相反的，我們要求他們每日練習十五分鐘，如果做得到的話，每天兩次。

如果你仔細想一下，其實很少有人——無論在做什麼，處於什麼情況下——在一天二十四小時中找不出一、兩個十五分鐘的時段。如果抽不出十五分鐘，那麼十分鐘、五分鐘也都成。

想像有一條約十五公分長的線，上面有無窮盡的點，在另一條約三公分長的線上也有無窮盡的點，那麼十五分鐘、或十分鐘、或五分鐘、或四十五分鐘會有多少片刻？結果發現：如果在覺知中容納任何時刻，我們其實有的是時間。

要生起修習的意願，並抓住那個時刻——任何時刻——以內心和外在的姿勢與它全然相遇，正是正式禪修中修習正念的核心。修習時間長或短都會有益，但如果你道路上的挫折感和障礙是龐然大物，時間「長」絕不會使修習花繁葉茂；最好以自己的節奏或在正式禪修上，逐漸加長時間，總比因為看到的障礙太巨大，而從未嚐到正念和寂靜滋味來得好。千里之行始於足下，當我們決心踏出那一步——此處指開始坐下來，即使只是坐上極短的時間——我們便能在任何時刻探觸到超越時間的永恆，從那裡，所有的助益都將湧出，而且只從那裡湧出。

＊

你若真心要找我，就會立刻看到我——你會在最微小的時間片段中找到我。

——喀比爾

**請試一試**

試著禪坐不同的時長，看看會怎樣影響你的修習，是否坐得越久，專注力就下降？你會老是陷入算計還要「熬」多久，罄聲才會響起，或到了時間嗎？在某個時間點會感到不耐煩嗎？心會反應過度或執著嗎？有躁動嗎？焦慮？無聊？時間壓力？愛睏？單調？如果你是禪修新手，是否發現自己在想：「這真是蠢事！」「我做對了嗎？」或「這就是我該體驗到的嗎？」

這些感受一開始就跑出來，還只是過了一會兒才出現？你是否有能力看出它們只是短暫而且客觀的心之狀態，即使它的內容和強烈情緒滿滿充斥著「你」？你能否只觀察這些狀態，卻不予以評斷，即使是短短的一段時間？如果你為它們鋪上一張歡迎光臨的腳踏墊（一般來說，值得一試），探究它們的內容、質地，和強烈情緒——同時順其自然，你會從中學到自己內心是強大而不可動搖；如果你滋養內心的穩定和平靜，那些原已強大的部分定會變得更強大。

# 沒有所謂正確的方式

跟家人在提頓（Teton）荒野背包旅行時，我腦中一直圍繞著一個步伐的問題。每走一步，腳必定要落在某處，爬上或走下亂石遍佈的野地、陡坡、山徑上下，我們的腳會為我們做出瞬間的決定：在哪裡落腳、怎樣落腳、怎樣的角度、多少壓力、用腳跟還是腳尖走、回頭還是向前走；孩子們從不會問：「爹地，我的腳要踩在那裡？我應該踩在這塊石頭上還是那塊？」他們只管走，我發現他們自會學到——自己選擇落腳的地方，而不只踩在我走過的地方。

這給我的啟發是，我們的腳自會找出方式來。我觀察自己的腳步，驚異於每一步中有多少可能的落腳地點和方式，每一片刻都呈現出種種可能，腳最終決定採取其中一種方式，將全身重量投注其上（如果是危險的情況，自然會少放些身體重量），然後在另一隻腳做出選擇的同時，放掉這一步，於是我往前推進。這一切的發生幾乎無需思考，除了少數驚險之處的確用上思考和經驗。我可能偶而必須拉最小的孩子一把，但這是例外，而非常態。通常我們不會注視足下，並想著每一步如何邁出；我們遠望前頭的山徑，腦子將所有資訊接收進來，然後瞬間做出決策，在那一刻要如何配合腳下的地形踏出去。

這並不是說你就不會踩錯步子，你還是必須留神並看管足下，只是眼、腦非常擅於迅速評估地形，將詳細的指導提供給軀幹、四肢和腳，然後在粗糙的地面踏出一步，即使身上還有厚重的山靴和背包，這整個過程展現出動作最精妙的平衡。在此，我們看到與生俱來的正念，粗糙的地形自我們內心帶出正念。如果我們在同一山徑走上十趟，每次都會以不同的方法踏出每一步；我們能體認此時此刻的獨特性，而且由於我們天生的才智，腳踏大地才有可能實現，並且最不費力。

禪修也是這樣，真的沒有「正確」的修習方式，雖然一路上有必須小心的錯誤方式，也有陷阱。最好以嶄新的心接觸每一刻，在覺知中探觸它豐盛的潛力；我們深刻地檢視它，然後放下，進入下一刻，不再緊抓著前一刻，但仍覺知著瞬逝的記憶痕跡以及從中學到的。那麼，每一刻都是全新的，每一個入息都是嶄新的開始，每一個出息都是嶄新的放下、嶄新的順其自然，就像我們踏在崎嶇的地形上，神祕地剛好踏在可以踏在的地方[1]，沒有所謂的「應該」怎樣；真的，一路上有太多事物需要看、需要了解，但不能強迫，正如你無法強迫一個人欣賞夕陽照在麥田上的金暉，或山脊的月色初昇。在這種時刻最好什麼也不說，只需親身與悠悠天地同在，靜默中，他人也許自能心領神會；落日和月昇用自己的語言發聲，在自己的畫布上訴說。靜默，有時會給未被正念馴服的、未能命名標示的留出空間，讓它們可以為自己發聲。

同樣的，在禪修中最好尊重自己直接的經驗，不要太過擔心這（無論**這**是什麼）是不是你

1 見 S. Grafton, *Physical Intelligence: the Science of How the Body and Its Mind Guide Each Other through Life*, Pantheon, New York, 2020.

應該感受到、看到或想到的。為什麼不信任你當下的體驗，就像信任你的腳自會在石頭路面保持平衡？如果你能面對不安全感和強烈的慣性需求，如想找權威人士來肯定你、祝福你的禪修體驗（無論多微不足道——但通常都很微不足道）時，能修習這樣的信任，你會發現，在一生的修行過程中，確實在一路上展現出某種深化和熟化的特質。無論腳將我們帶至何處，我們的腳步和入出息都在教導我們看好足下、帶著正念前進、在每一時刻保持真正自在，並能充分欣賞我們所在之處，還有比這份覺知更美妙的禮物嗎？

**請試一試**

在禪修中不斷注意念頭生起：「我這樣對嗎？」「這是我應當感受到的嗎？」「『應該』是這樣嗎？」時，別去回答這些問題，只去深入檢視當下，在此時此刻擴展你的覺知。伴著入出息和此刻的全面體驗，以覺知盛載著這些問題，並在當下信任著：「當下即是。」無論「當下」是什麼、在哪裡。深入檢視此時此刻的生起的現象，保持連續綿密的修行，讓這一刻自然展現到下一刻，不分析、不爭論、不評斷、不非難、不質疑；僅僅觀察、接納、開放、順其自然、接納。就在現在。僅僅是這一步。僅僅是這一刻。

# 「何處是吾道」之禪

我們總是急著教導幼小的孩子不能愛怎樣就怎樣，甚至還隱隱認為這種想法有問題。當他們問：「為什麼不行，媽咪？」「為什麼不行，爹地？」若我們的解釋或耐心到了最後底限，很可能會說：「別問了，聽我的就對，你長大就知道了。」

但這是不是有點不公平？我們大人的行為舉止是不是也像孩子？我們不也是只要一有機會，愛怎樣就怎樣？我們和孩子有什麼不同，何況我們還比孩子更不誠實、更不坦率？要是我們可以愛怎樣就怎樣，那會變成什麼光景？你記得童話裡的瓶中仙、小矮人或巫婆給人們三個願望，人們因而惹禍上身嗎？

大家都知道緬因州的人被問路時喜歡回答說：「你從這裡到不了那裡。」如果說的是生命的道路，也許更應說：「唯有全心全意在這裡，你才到得了那裡。」我們有多少人認識這種命運交織中的小轉折？如果我們愛怎樣就怎樣，我們怎會知道這就是我們的路？愛怎樣就怎樣就能解決問題嗎？或是因為這條路不過是我們失念，一時衝動所許下的願望，結果給自己人生找了更多麻煩？

真正有趣的問題是：「究竟何處是吾道？」這裡的「道」意謂著更高意義上的生命之道，我們很少這樣深入探詢並探測生命，我們到底有多常思惟這些基本問題，像是「我是誰？」「我要往哪裡去？」「我正在什麼軌道上？」「這是正確方向嗎？」「如果要我選擇一條路，我會走哪個方向？」「我的渴望什麼？」「我真正熱愛什麼？」

思惟「何處是吾道？」是給禪修注入一劑營養劑，我們不必想出答案，也不用以為一定有答案，最好根本別想；相反的，只管問問題，讓成形的答案自行而來、自行而去。正如對禪修中出現的其他觀察目標，我們只是注視、聆聽、註記（note）、順其自然、放下，並繼續問問題：「何處是吾道？」「我的路是什麼？」「我是誰？」

這裡的目的在於坦然面對**不知道**（not knowing），也許乾脆自己承認：「我不知道。」然後實驗一下，放鬆接納自己的不知道，而不是責怪自己怎會不知道，畢竟，在此時此刻，這就精確描述了你當下的狀況。

這樣的探詢和探究會帶來開放、嶄新的理解、願景和行動。不一會兒，探究本身即會展開自己的生命，它會滲入你生命的毛孔，在乏味而單調的例行公事之中，注入新的活力、生機和優雅。它終會形塑你，而非你形塑它，這是找到並走上最貼近心之道路的好法子，畢竟，這旅程有英雄的成分在內——但如加上覺醒，而且決心從事冒險的探索並持續打開內心來活絡它，則英雄的成色更高。身為人類，你是所有英雄神話旅程、童話、以及亞瑟王遠征的中心角色；對所有人類來說，這趟旅程都是一道由生至死的軌跡，是一段活過的人生，沒有人能逃避這個歷險，我們只能以不同的方式去處理它。

我們能感知到自己一路展現的生命嗎？我們能否抓住稍縱即逝的人性時刻，站穩立場，認識到我們天生本具的良善、力量、美麗嗎？我們能承擔起一路遭遇到的挑戰，甚至主動找尋挑戰來考驗自己，促使自己成長，並根據原則來行動，忠於自我，找到屬於自己的「道」，以致最終，不僅擁有它，更重要的，活出它？我們能嗎？

# 山之禪

禪修時，山可以給我們不少啟發。在各個文化中，山岳都有原型的意義。山是聖地，人們一向在山裡和眾山之間尋求精神指引與重生；山象徵著世界主要的軸心（須彌山〔Mt. Meru〕）[1]、眾神的居所（奧林帕斯山〔Mt. Olympus〕）[2]、精神領袖與上帝相遇，接受祂的誡命並締結聖約之處（西奈山〔Mt. Sinai〕）[3]、男性和女性生命之源維克阿（Wakea）和帕帕瓦利努烏（Papawalinu'u）的長子（毛納基山〔Mauna Kea〕）[4]。山被視為神聖，體現敬畏與和諧、嚴酷與壯麗，雲與降雨的源頭，也是生命本身的源頭。在地球上拔地而起，以全然的存在召喚、震撼並激起敬畏。山的本質是基本元素：岩石；石頭般堅硬，石頭般實在。山是視

1 譯註：在不違印度傳統的情況下，佛教也描述這宇宙由三十一層世界所構成，每層世界均有自己的日、月、星、辰與海洋，而須彌山則從最下一層的世界，貫穿到最高一層的世界。

2 譯註：奧林帕斯山是希臘神話中十二位奧林帕斯大神居住的地方。

3 譯註：西奈山是上帝授與十誡給摩西的地方，也是基督教、伊斯蘭教與猶太教共同的聖地。

4 譯註：位於夏威夷大島（Big Island），在夏威夷語中為「白色的山」之意，因為冬季山頂積雪。海拔4,207 公尺，若從水下的山腳起測，高度達到 10,203 公尺，超過海拔最高的珠穆瑪朗峰，是世界第一高峰。

野之地，我們可以觸知自然界的全景，及其與生命脆弱卻頑強的扎根處的交會。山在我們歷史和史前史中扮演關鍵角色。對傳統民族而言，山一直、而且仍然象徵著母親、父親、守護神、保護者以及盟友。

禪修中，有時敬重地「借用」山的原型特質，將有助於增強我們的意向和決心，將此時此刻托放在基本的純淨和簡樸中，甚至神聖中；內心之眼和身體中的山之意象，讓我們重新記起當初坐下禪修的初衷，以及每次我們就座，安住在無作為中，真正的意義在哪裡。山，完美象徵著安住當下和寂靜，兩者中都有持續性和變化性。

山之禪可以下列方式修習，也可稍加調整，相應於你個人心目中的山——任何一座山——的意象及其意義。這可以任何姿勢進行，雖說如此，但我發現在地板上結跏趺坐，身體看起來、感覺起來都最像山，無論是外觀還是內在感覺。置身山中或山在視線可及之處，會有幫助，但不一定必要，內在意象才是你的盟友和加持力量的來源。

觀想你見過的、聽過的，或可以想像到的最美的山，這座山的形象對你個人有深刻的意義，當你以內心之眼專注這座山的形象和感受，注意那整體形狀，高拔的山巔，底座扎根於地殼的岩石中，陡坡和緩坡，也注意無論遠賞近觀，它是多麼宏偉，多麼穩固，多麼美——從其獨特的形態散發出來的美；同時也體現了普遍「山性」（mountainness）的概念，超越了某一座特定山峰的形態。

也許你的山有雪在山巔，林在低坡，也許有突出的峰頂，也許是一系列峰頂或一片高原，無論它外觀如何，僅僅與山的意象並肩而坐，一同入出息，觀察它，注意它的輪廓和各種特質。

要是心理準備好了，看看你能否將山岳融入身體，然後讓禪坐的身體與內心之眼裡的山岳合為一體。你的頭部化為峰頂，肩臂化為山側，臀腿扎根於地板的坐墊或椅子，成為堅實的基座。在身體裡體驗山岳昂揚，有中軸、高拔的特質深深植於你的骨盆和脊柱之內，讓自己成為一座呼吸的山，寂然不動，完完全全就是本來面目——超越語言和思考，一種有中心、根深柢固、不撼搖的存在。

你知道的，一天之中，隨著太陽橫過天空，而山只是坐在那裡。山在堅定寂靜中，那光影色彩每一時刻都不斷變化，即使是未經訓練的肉眼，也看得出每個鐘點的變化。這些讓我們想起莫內（Claude Monet）的傑作，他的天分是設立多個畫架，每小時畫下靜物的生命；當光影色彩轉化大教堂、山光、水色之際，也在一幅一幅畫布上變化，因此喚醒了觀賞者的眼睛。當光線變換，夜以繼日，日以繼夜，山只是坐著，做它自己；在季節更替中，時時刻刻、日日的天候變換中，它靜止不動，以穩定和平靜的基座涵容所有變化。

夏季，也許除了山頂或缺乏直接日照的峭壁之外，山上並沒有雪；秋季，山穿上耀眼火紅的外衣，冬季覆上雪與冰的毯子。任何季節，它有時籠罩在雲霧裡，披掛著嚴寒的雨，賞山的旅客看不清山的全貌，可能會感到失望，但山都一樣——無論清晰可見還是雲山霧罩、陽光燦爛還是烏雲密布、酷熱或嚴寒，山只是坐著，做它自己；有時暴風雨襲擊，大量雪雨無情猛擊，山仍只是坐著，無視這一切。大地回春，鳥兒又回林梢歌唱、葉兒又冒出新綠、野花鋪滿高地草原低坡、山頭溶雪的水開始滿溢，匯成溪流，山卻仍無視這一切，繼續坐著，無論天候、地表、表象世界如何變換，山皆不為所動。

當我們禪坐時，在心裡觀照山的意象，並面對秒秒、時時、年年生命中的變動，也能體現同樣不可動搖的寂靜和根深柢固。在我們生命或禪修中，我們經驗到身心和外在世界無常變化的特質。我們走過光明和幽暗、鮮活的色彩和啞然無光的沉悶；我們走過外在世界、自己生命、和內心世界中不同強度的暴風雨，被狂風、酷寒、暴雨吹襲；我們經歷黑暗痛苦並品嘗歡愉振奮的時刻，甚至我們的外貌也不斷改變，就像山也一樣經歷屬於自己的天候和風蝕，面目不斷變化。

我們在禪坐中成為一座山，便可跟山的力量和穩定掛鉤，並納為己用；我們可以運用它的能量，幫助自己以正念、平等心、清明來面對每一時刻，這有助於我們注視念頭和感受、成見、情緒風暴和危機，甚至我們身上經歷的一切，都像天候之於山——因緣條件的結果。我們往往耿耿於懷，但山最強的特徵是不感情用事，無關個人；我們不應該忽視或否定生命中的天候，而必須去正面遭遇、尊重、感受、理解那本質，以高度的覺知來觀照，否則它會先毀了我們。如此覺照，我們就會在風暴中發現一些我們從來不認為自己具有的、更深沉的靜默、寂靜和智慧。山可以教我們這些事，如果我們用心聆聽，我們會學到更多。

雖然我們說明了、也觀想了，但山之禪只是工具，指月的手。我們還是必須親身去觀察世間實相，然後行動。雖然山岳的意象能激勵我們，助我們更加穩定、更有遠見，但我們人類比山岳更有趣、更複雜，雖然山岳有其美麗和複雜，以及經年訴說的故事，我們卻是會呼吸、移動、跳舞、充滿愛的山岳；我們可以堅硬如石，穩定、不動搖，同時柔軟、溫和、流動，有眾多潛力為我們所用；可以看可以感覺，可以知道可以了解，可以想像。我們可以學習，可以成長，可以療癒，尤其我們可以學著傾聽事物內在的和諧，且不畏艱難險阻，仍穩穩地堅守山岳一般的中軸。

*

眾鳥高飛盡
孤雲獨去閒
相看兩不厭
只有敬亭山

——李白〈敬亭獨坐〉

**請試一試**

在正式禪修時，心中牢記山的形象，運用它，使你更能安住寂靜；使你更能在無始無終的當下坐一段較長時間、更能面對逆境以及各種不斷變化的心中天候模式，無論是風暴、陰沉，還是內心開放的覺醒晴空。問自己，這樣的修行，你從實驗中學到什麼。你看得出自己在面對生命中的變化時，心態有了微妙的轉變嗎？你能在日常生活裡心懷山岳的意象嗎？你能看到他人內在的山，容許他人內在的山也呈現自身的形狀？每座山都是獨一無二的？

# 湖之禪

運用山的形象只是支援禪修、使禪修更生動、更扎實的方法之一，樹木、河流、雲、天空也可以作為盟友，意象本身並非不可或缺，但可使你對修習的見地更深入、更廣大。

有些人發覺湖的形象特別有用，因為湖是一片廣闊的水域，這意象適合臥姿，雖然也可坐著練習。我們知道水的特性跟石頭一樣是基礎元素，而它的本質更強大，因為滴水可穿石；水也具有接納性的迷人特質，它會分開讓一切進來，又恢復原狀。假使你用鐵鎚敲打山或石頭，雖然堅硬，或者也正因為堅硬，石頭會敲掉一個缺口、碎裂或裂成兩半，但如你用鐵鎚敲擊海洋或池塘，只會讓鐵鎚生鏽，水的關鍵價值即在於此。

練習在禪修中運用湖的意象，以內心之眼顯現出湖泊，也就是水體被盛載於盆狀大地中，並在內在之眼和內心，注意水會往低窪處匯聚；它會找尋自己的水平線，渴望被盛裝。你召喚的湖可深可淺，可藍可綠，可濁可清；無風的日子，湖面是平滑如鏡，映照出樹木、岩石、天空、雲朵，暫時容納著每一事物，然而一旦風將湖面激起漣漪，或大至碎浪，清明的倒影便不見了，但陽光仍然閃耀在漣漪上，在波浪上舞動，像閃閃發光的鑽石。夜晚降臨，輪到月光上場舞動，如果表面平靜，樹木的輪廓和陰影都映射其中。冬季，湖面也許結冰，但其下充滿運動和生命。

一旦你以內心之眼建立了湖的意象，讓自己在仰臥或坐著，成為一座湖時，如此你的能量便被覺知、被對自己的開放性和慈悲心托承著，一如湖水被包容和接納的盆狀大地托持著，每一時每一刻與湖的意象一同入出息；你感覺水體如你的身體，讓你的心靈和心智開放並且接納，反映出所有進入的事物：當倒影和湖水完全清澈，體驗那完全靜止的時刻；當湖面擾動、颳起浪、翻騰起伏，也體驗那暫失倒影和水光深澈的時刻。在這一切變化中，你安住於禪修，僅僅注意你心靈和心智上不同的能量運作、飛逝的念頭和感受、衝動和反應，來來去去，就像漣漪和波浪；留意它們的影響，就像你觀察湖上不同變化的能量運作：風、浪、光影、色彩、氣息。

你的念頭和感受擾動著湖面嗎？你可以接納嗎？你能看得出如果你是一座湖或擁有湖面，波浪起伏便必然相隨又密不可分嗎？你能否不僅認同湖面，還認同整個水體嗎？然後你也變成湖面下深沉的寂靜，即使湖面波浪翻騰，你頂多也只感到微微的波動？

同樣的，在禪修或日常生活中，你能否不僅認同你的念頭和感受的內容，還認同內心表面之下廣大不動搖的覺知本身？在湖的禪思中，我們坐著，懷著這樣的意向：讓所有身心特質被覺知和接納托承，一如湖坐著而被大地托著、捧著、包容著，反映陽光、月光、星辰、樹木、岩石、天空、飛鳥、燈光；也被空氣、風撫著，彰顯出它的閃光、生機和本質。

＊

在九月或十月這樣的日子，華爾騰湖是完美的森林明鏡，四周用石頭鋪砌起來，在我看來，這些石頭再珍貴稀有也沒有了。在地球表面上，或許再沒有事物像湖一樣那麼美、那麼純潔，同時又那麼浩大。此水天上來啊。它無需籬笆。民族興起了又衰亡了，沒有一個能玷污它。它是一面石頭砸不碎的鏡子，它的水銀永不磨損，它的鍍金由大自然不斷修補；沒有任何風雨和塵埃可以讓它常新的鏡面失去光澤——一切不潔沾上它時，都會掉落無痕，都被太陽的朦朧畫筆——這光的拭塵布——拂去了；呵氣在其上也不留痕跡，卻把自己的氣息高高送到湖面上空，化為雲朵，而雲朵仍然映回湖水的懷中。

——梭羅《湖濱散記》

**請試一試**

運用湖的意象來支援寂靜坐禪或臥禪，不到哪裡去，只用覺知包容，注意內心反映事物的時候，還有，被攪亂的時候。注意表面下的平靜，這意象有助你以全新的方式去面對擾動的時刻嗎？

# 行禪

和平在每一步之中。

——一行禪師《和平在每一步之中》

我認識一些人要坐禪十分困難，行禪卻可以體會深刻。無論你在何處，你不可能一直坐著，有些人就是不可能帶著疼痛、焦躁和憤怒，同時保持坐姿和正念，但他們可以帶著這些情緒行禪。

傳統寺院內，坐禪和行禪的時間是交互進行的，兩者是相同的修習，行禪與坐禪同樣重要，關鍵在於如何看好你的心。

在正式行禪中，你注意行走本身，你可以專注於整體的腳步，或個別姿勢變換的片段，像是抬腳、重心轉移、放下、再一次重心轉移，或身體整體的移動。你可以將行走的覺知與入出息的覺知連結起來。

在行禪時，你行走並非要到哪裡去，這邀請——以及挑戰——是看可不可能每一步都在你真正置身的地方。一般的練習方式只是在一條小徑上來回地走，或環狀繞走，這樣不能上哪裡去，其實讓你更容易身處此時此地。行走的路徑都一樣的話，為什麼還要去別的地方？因此，挑戰一直都一樣：你能否完全與這一步，這一個入出息同在？

行禪可以任何節奏進行，從慢速蝸步到輕快活躍。你可以注意到多少次腳步循環，則要視速度而定。這修習是邁出每一步，都完全與它同在，也就是去感覺行走的覺受——存在於你的腳、腿、軀幹和頭部的姿態、和步態——如同前面一直強調的，在每一時每一刻中，也在每一步之中，置身此處。你可以用雙關語稱其為「步步為營，注意足下」，但這是一種內在的觀察，你並不需要看著足下！

正如坐禪，行禪時會有事情會冒出來將純粹的專注力拉走，我們如同在坐禪中一樣地去處理這些浮現的感知、景象、影像、聲音、想法、感受和衝動、回憶和期望。最終，行走成為動作中的靜止，流動的正念。

正式的行禪，尤其是你要走得很慢的時候，最好找一處不為眾人注目的地方，好地方包括：客廳、田野、森林中的空地，無人佇足的海灘也不錯，在超級市場推一個購物車也很好，你走得多慢都成。

你可以在任何地點行禪，非正式的行禪不必來回走或繞圈子，只是正常地走，你可以具足正念走在人行道、辦公室的走廊，或是徒步健行、蹓狗、帶孩子散步。必須記住：你就在此身中，你只要提醒自己：你在此時此刻！每一步到來時，就邁出步伐；每一刻到來時，就接納那一刻。如果開始感到匆促或不耐煩了，慢下來可以叫匆促悄然離開，而且提醒你現在正置身「這裡」（here），而且，你一旦到了哪裡，人就會在「那裡」（there）了。如果你錯失了「這裡」，你大概也會與「那裡」失之交臂。如果你的心此刻不在這裡，很可能因為你跑去了其他地方，而沒能完全聚焦在當下。

**請試一試**

無論在哪裡，帶著覺知行走，並放慢下來，讓自己聚焦於身體和當下。要感謝自己能夠行走，很多人還做不到呢。去感受到行走有多麼神奇，也暫且別視身體的美妙運作為理所當然！要知道你直立走在母親大地上，同時，也包裹在她脆弱而不深的大氣層中。盡你所能，以尊嚴和信心前行。正如納瓦霍／迪內（Navaho/Dine）族人的祝福：願你無論身在何處，都行走在美中。

也試著正式行禪。在坐禪之前或之後，試著行禪片刻，在行禪和坐禪之間保持正念連綿不斷，十分鐘很好，半個小時亦可。再次記著，我們在乎的，不是時鐘上的時間。如果你給自己一個挑戰，讓自己衝過第一或第二個想停下來的衝動後，還堅持住，那麼你對行禪會學到更多，理解也更深入。

# 立禪

跟樹木學習立禪再好不過了。靠近一棵樹，或者站在一片樹林中更佳；以樹姿站立著，寂然不動，凝視一個方向最好；感覺你的足部長出根，往地底延伸；感覺你的身體輕搖，一如樹木在微風中搖曳；靜立原處不動，連繫著入出息，啜飲你面前的一切，不然就閉上雙眼並感受周遭環境，以及圍繞周身的空氣。感受一下離你最近的樹，聆聽它，感覺它的存在，用身、心探觸它。

運用入出息幫助你停留在此時此刻……感覺自己身體的站立、入出息、存在，一時又一刻。

一旦心、身開始暗示自己該繼續向前走了，盡量以這樣的姿態再站久一點並記著這些樹都站立許多年了，有些幾世紀了，少數都幾千年甚或以上了。看看它們能否給你啟發，了解寂靜，了解臨在當下和連繫的意涵，畢竟，它們用樹根和樹幹連繫大地，用樹幹和樹枝連繫空氣，用樹葉和針葉連繫空氣和陽光。站立之樹的每一部分都訴說著連繫。實驗一下這樣站著，短時間也成，去感受空氣拂過皮膚、感受腳接觸大地、感受身體沐浴在這世界的聲音、光線、色彩中。感知呼吸進出身體，感受內心不斷的活動。

把這放心上：樹木通過它們的針葉或葉片吸入並捕獲你我呼出的二氧化碳。也通過針葉或葉片呼出你我吸入的氧氣。這是一種生命在地球上交織的動態，而我們正使它處於越來越嚴重的危險中。請記住，植物界的綠色葉綠素分子是迄今為止捕獲太陽能量的主要方式，因此是我們所有食物的終極來源。而宇宙經過地球上數十億年的進化，也產生了血紅蛋白中的血紅素，它是一個四重卟啉環（fourfold porphyrin ring），分子結構與葉綠素分子非常相似，但中心是一個鐵原子，而不是鎂原子，因此呈現紅色而非綠色。那麼這些鎂（$Mg^{2+}$）和鐵（$Fe^{2+}$）原子來自哪裡呢？它們來自前幾代爆炸恆星的內部。這是一種大爆炸宇宙學、恆星演化、元素周期表與我們當前地球境況的深度交織——因此值得我們仔細關注並欣賞我們能夠嵌入的這種奇妙的相互關連性，而這關連性組成了我們的一切。

願我們的立禪是向樹木、以及地球的兩大雨林——亞馬遜和剛果雨林，常被稱為地球的肺——的深深禮敬。願它們不會因我們的無明和貪婪而消失。

**請試一試**

在林間、山中、河畔、客廳或等車的時候，無論哪裡，你就這樣站立不動。獨處時，也許可以對著天空打開手掌，以不同的姿勢伸出手臂，像樹枝，也像樹葉，易於親近、開放、接納、耐心——同時，去感受自己用雙腿和雙腳扎根於大地——宇宙萬物匯聚，賦予我們生命，就在我們稱為「當下」的這個唯一的永恆時刻。

# 臥禪

躺臥是一種美妙的禪修，如果你可以不睡著的話；但即使你睡著了，也因為是由禪修中入眠，而可能得到更充分的休息。你可以同樣的方式從睡眠中醒來：在甦醒過來的第一刻，帶著全然的覺知。

身體躺下比其他姿勢都來得容易全然放下，你可以刻意並全心地讓重力拉向地球母親。身體可以沉入床、坐墊、地板、土地，直到身體不再花一絲力氣支撐自己。在肌肉和統理肌肉的運動神經元兩者的層次，這是種深刻的放下自己；如果你容許內心開放而清醒，心的層次也會很快放下。

在躺臥中觀想，將整個身體視為觀察目標，是十足的福報。你把自己完全交給從頭到腳趾的感受，一面入出息，一面將溫暖散發至整個皮膚表面；這是整個身體在入出息，整個身體活著。你一旦將正念帶到整個身體，便可以重新回到整個身體就是生命存在和活力所在的感覺。提醒自己：「你」——無論誰——都不僅是住在自己腦袋裡的那個人。身體本身就是一個宇宙，擁有的細胞數量之多，更別說原子之多了，遠超過我們觀測得到的宇宙中星系的估計數量。

正念臥禪時，你可用自由流動的方式，也可較有系統地專注各個不同的身體部位。在正念減壓課程中，我們用四十五分鐘的身體掃描，把臥禪介紹給學員。雖不是每個人都可以馬上就靜坐四十五分鐘，但每個人都能做身體掃瞄，你只需要躺下來，甚至準備休息或入睡時或在床鋪上，盡量全神貫注調頻至身體，**感受**身體不同的部位，然後放下；如果是系統化的身體掃描，就是以特定順序，由某一處移至另一處，但沒有一定的方法，可以從頭到腳、從腳到頭，或從一側到另一側。而且，如果你無法練習四十五分鐘，多長都可以，最重要的是，你發心並願意把禪修視為——對自己身體、心智、心靈——一種極致的慈心和關懷行動。

有一種練習方式是：刻意將入出息導向並導出身體的不同部位，好似你可以用足趾，或膝蓋，或耳朵吸「入」，再從這些部位呼「出」。經過一段時間，無論長短，只要你準備好了，出息時，無論你在專注身體哪一部位，允許它／邀請它融入你內心之眼或觀想中，讓肌肉放鬆，進入寂靜和開放的覺知當中——在即將移至並觸知下一個身體部位之前，你就開始另一個入息。盡量讓所有入出息經由鼻孔。

然而躺臥時也不必像身體掃描一樣系統化，你可自由注意身體某一特定區域，或注意覺知領域中最明顯的部位，也許是該部位的疼痛或其他問題所造成的。若以開放、專注和接納進入那部位，尤其是經常這樣固定練習，便能感受深層的療癒；如前所述，這感覺就像在深度滋養你的細胞和組織，也在滋養心性和靈性、身體和靈魂、你整個生命存在。

臥禪也是感知到情緒身體的好方法，我們擁有形而上的心以及形而下的心臟。當我們專注心臟的部位，可以調頻到胸腔收縮的感覺，或緊繃、或沉重的覺受；注意覺察當時的情緒，如憂傷、悲哀、恐懼、孤獨、絕望、不值或憤怒，藏在那些生理覺受之下。我們常說心碎，鐵石心腸或心情沉重，因為在我們的文化中，心臟是情感之源，有獨特的詩意象徵。心也是愛、喜悅、慈悲之源，只要認知並培養了這些情緒，與其為友，這些情緒也同樣值得注意和尊重。

許多專門的禪修方法，像是慈心禪，是引導我們開發某一種感受狀態，可以擴展並開放我們形而上的心。若要加強接納、寬恕、慈心、慷慨和信任，我們可刻意以心臟部位為專注重心，持續地專注它，並在正式禪修中召喚這些感性心質。若在禪修中和日常生活中，單單去認識這些特質，以覺知去接納，也一樣會加強。

其他身體部位也有形而上的意涵，在禪修中可以觀照，躺下或其他姿勢均無不可。太陽神經叢（solar plexus）有太陽般輻射的特質，可以幫助我們感知擴張的感受。肚皮是消化火（digestive fires）[1]之源，傳輸生機、穩定性和「有中心」的感受。喉嚨為我們情緒發聲，可以是收縮或開放的，即使心靈開放，有時感情也會「如鯁在喉」，當我們在喉頭區域開發正念時，會更能感知自己的話語和語調的特質——一方面如爆發性、速度、粗糙、聲量大小、慣性反射，另一方面如柔軟、溫和、敏感——以及言語內容。長期專注這塊區域可幫我們發現並重新找到真實的聲音。

---

1 譯註：古印度吠陀文化祭火，神祇食用火供，賜予人類生命之水及有利環境，使人類生生不息。根據阿育吠坨，消化火又稱消化阿耆尼（digestive agni），是全面調節我們生命體的力量，不僅燃燒進入身體的飲食，還燃燒身體從環境中攝取的所有物質，代謝雜質並吸收身體所需的物質。

同樣的，形而下的實質身體每個部位都對應著情緒身體或情緒地圖，並帶有更深刻的意涵，往往在我們的覺知層面以下。我們若要在生命歷程中持續成長，就必須啟動、聆聽我們的情緒身體，並而從中學習；臥禪可以大大裨益於此，只要你站起來之後，願意採取立場來實現自己的洞見。從前，我們的文化、神話、儀式大大幫助我們啟動情緒身體，尊重它的生命力與無常性，通常這是由社群長老安排傳統的成年禮來付諸實行。在部落或文化中，長老們的任務是：教育青少年在部落或文化中長成完全的成人意義何在。如今，開發情緒身體的重要性，不再受到重視，無論男女都要靠自己長大成人、無論我們認同的是什麼，除非能找到志同道合的人，建立起社群關係。鑒於社會變化的速度，我們再也無法用一致的集體智慧來導引年輕人——也就是我們的孩子——喚醒情緒的生機和真實性，尤其在當今社交媒體及其演算法所驅動的毒性主導了許多人思維空間。正念，以其多樣性、包容性和開放的內心空間，以及與社會情商學習課程廣泛引入學校，可以幫助年輕人以及未來幾代人，重新喚醒如良善、慈悲、同理共情和非暴力等基本的人類價值觀。

由於我們一生中有大量時間在躺臥中度過，臥禪為我們提供了許多隨時進入正念的機會。無論是在入睡前、休息時、隨意躺著，還是清晨醒來時，躺臥本身可以成為一種契機，幫助我們輕鬆進入正念修行；至少在那片刻，讓身體充滿覺察、平等心和對當下事物的接納。這些片刻覺知可藉著短暫地回歸入出息而獲得，以及只是傾聽、感受、沉浸於當下、放下、讓一切順其自然，僅僅安住於覺知之中，超越時間……

尤其值得一提的是，在早晨醒來時，不要自動駕駛般地跳下床，覺得自己「已經遲了」。為什麼不提前一點醒來，懷著明確目地要留出一些時間來關注身體，躺著專注入出息，並用最適合自己的形式和感受，來感受此刻所能感受到的一切？換句話說，為什麼不至少花幾分鐘確保自己真正醒來，而不是立刻跳下床，匆忙進入一天的忙碌？這樣或許可以讓你的一天更像是一種禪修的無縫延續，並讓你的一些「作為」更是源於「存在」。早晨在床上進行一段禪修，就像音樂家在出發表演前，細心地為樂器調音。這種練習可能會鎮日延續，影響你每一個時刻的質量。

### 請試一試

躺臥時，調頻到你的入出息。如果可能，仰臥平躺，一般在瑜珈中這稱為**攤屍式**[2]，去感覺入出息在腹部和整個身體中移動；跟入出息一起安住於身體不同部位，像是腳、腿、骨盆和會陰、腹部、胸部、背部、肩膀、手臂、喉嚨和頸部、頭部、面部、頭頂——調頻到那些部位並仔細傾聽，讓自己去體驗浮現出來的一切，觀察身體覺受的起伏變化，也觀察因此產生的心理感受與其起伏變化。

試著刻意躺下禪修，不只在靠近睡覺時分，也可於一天中不同的時刻，離開床，在地板上做，偶而在田野、草原、樹下、雨中或雪裡。

入睡前，還有特別是剛醒時，特意專注身體，並花幾分鐘，伸直身體，盡可能仰臥平躺，只是去感覺身體是一整體在吸入呼出。特別注意有問題的部位，努力用入出息重新納入那些部位，與身體其他部分合而為一個整體。心中記著你有著這副情緒身體。要尊重「直覺」。

2 原註：見作者的 "Dying Before You Die –Deux" 在其著作 *The Healing Power of Mindfulness: a New Way of Being*, Hachette, New Yourk, 2018, p.205-207.

# 每日一次，貼近大地

身體接觸地板的時候，無論是臥禪時做身體掃描，或秉持正念做哈達瑜伽（hatha yoga）[1]時，溫和但堅定地逐一向各個方向伸展，推向極限，都會有種特別的感覺，好似時間一時停頓下來。在室內，僅僅將身體放低就足以令心清明，也許是接近地板的姿勢對我們太陌生，打破我們慣性神經運作模式，藉著所謂的「身門」突然打開，讓我們進入此時此刻。

正念練習哈達瑜伽的重點在於，當你移動、伸展、呼吸、保持平衡、靜止、伸出或上舉手臂、腿、軀幹和頭部，覺知不同的身體覺受、想法和內心感受時，你完全安住在你的身體裡；基本瑜伽姿勢據說有八萬種，每種姿勢至少有十種變化，身體挑戰不可能很快枯竭。我自己只是一再重複二十種左右例行的姿勢，從二十多歲練習這麼幾十年下來，這些姿勢一直帶我進入身體和

1 譯註：哈達瑜伽又名「訶陀瑜伽」或「日月瑜伽」，強調透過姿勢、呼吸、姿態、收緊和放鬆而實踐的傳統印度瑜伽，配合呼吸以令能量能在體內自由流動，從而帶來多項外在益處，達到精神完美，提升內在的能量，幫助心靈的平靜，進而連結內在最深層的自我。hatha 一字來自 ha 及 tha 兩個梵文詞語，ha 是「日」，而 tha 是「月」，即有白天和夜晚的意思。天地萬物，有天必有地、有正必有負、有陰必有陽、有動必有靜、有冷必有熱，兩者缺一不可，互相調和、配合，並互補不足，和諧和緩，對立又平衡的事物。

寂靜的更深處。

瑜伽把動作和寂靜相互交疊起來，使當下的覺知發酵，這是一種十分滋養的修習。如同其他的正念修行一樣，你並不打算到達什麼境地，只是在這一刻，刻意朝向身體的極限前進，你充滿興趣和善意地感知你的極限，以及留在極限之內的感受。你探索那個場域，四肢、頭、軀幹向空間伸展、上舉或維持平衡時，造成頗為強烈的身體覺受；然後你在那裡安住下來，盡量待得比心裡想的更久一些，只是呼吸，只是感覺身體，完全不勉強推進，只是充滿愛意地探索事物如實面目，也不求突破，不跟別人的身體競爭，也不想評斷自己的身體表現；只安住在寂靜中，體驗所有感受，包括強度和不適（如果你不勉強自己超過限度，這種不適應該是良性的），品嚐身體此時此刻如花盛放的時刻。

同樣的，一位忠實的修行人，不可能不注意到身體喜愛這種穩定的感覺，以及久而久之、自然而然發生的變化。當你躺臥在地板上，在比較費力的姿勢之間，當你感覺身體一步一步伸展得更深，或者放下得更深，「正要去做」（on the way to）和「當下就是如此」（just as it is now）的特質經常同時存在。不勉強任何事，只是盡一己之力將扭曲交纏的身心、地板、世界和此時此刻保持一致，保持對事物如實面目精微的感知。

**請試一試**

每天一次躺在地板上，依照你當下的身體狀態進行活動，讓身體在極限內伸展，一面做動作，一面找到它的極限；輕柔而專注地伸展，哪怕只是開始時的三、四分鐘。對呼吸和身體訊息保持覺知。提醒自己，這就是你今天的身體。看看你是否能真正感知它。怎麼做呢？覺知。就是這麼簡單——而且深刻——又充滿活力。

# 不修行即修行

有時候我喜歡說不練瑜伽就是練瑜伽，但希望人們不致誤解了我的意思，以為練不練習都一樣。我的意思是：每次隔一段時間重新回來練習正念瑜伽，你會看到其間不練習的影響，所以你重新開始的時候，反而比一直堅持學到更多。

當然，這只在你注意到自己身體感覺有多麼僵硬，維持姿勢有多難，心有多耐不住，有多不想專注入出息才算數。當你坐在地板上，伸直雙腳，盡力抱著小腿，用頭去碰觸腿時，很難不注意到了這些事，但如果我們談的不是瑜伽，而是生命本身，就更難以注意到。兩者適用同樣的原則。瑜伽和生命既是以不同方式呈現的同一件事，那麼，忘掉或忽略正念，遠比一直保持正念能教你更多。幸運的是，既然我們經常失念，大部分的人倒不必操心這件事，唯有重新回到正念裡來，才有「看清」（seeing）可言。

**請試一試**

若在你生命中，拿一段熱中每日規律禪修和瑜伽的時期與不練習的時期相比，注意你的感覺和你處理壓力的方式有何不同。看看你是否仍能覺察到自己失念和慣性反射行為的後果，尤其在承受工作或家庭的壓力時。在修習和不修習期間，你對身體的覺知有何不同？你還能時時記著保持「無作為」的決心嗎？若缺乏規律練習，你對時間和成果會產生如何的焦慮？這如何影響你的人我關係？你最不正念的原因是什麼？何以致之？不管這一星期的正式禪修坐得好不好，當失念掐住你的喉嚨，緊抓不放時，你準備好用覺知去接納了嗎？你能看出**不**修行是種艱鉅的修行——而且自帶後遺症？

# 慈心禪

沒有人能自全，沒有人是孤島，
每人都是大陸的一片，要為本土應卯。
那便是一塊土地，那便是一方海角，那便是一座莊園，
不論是你的、還是朋友的，
一旦海水沖走，歐洲就要變小。
任何人的死亡，都是我的減少，作為人類的一員，我與生靈共老。
喪鐘在為誰敲，我本茫然不曉，
不為幽明永隔，它正為你哀悼。

——約翰．唐恩《禪修十七》（John Donne, *Meditation XVII*）[1]

1 譯註：約翰．唐恩（1572-1631）於文壇最引人注意的是他獨特的寫作風格，與當時盛行詞藻華麗的佩脫拉克風格迥異，將寓意複雜、運用獨特字彙的巧喻，融入他的詩作、佈道辭、散文以及頌詩之中。其創作主要題材多圍繞詠神以及對人類與神之間關係。本詩甚為海明威所喜愛，將之刊選在其小說《戰地鐘聲》（*For Whom the Bell Tolls*）的扉頁。此處所引譯文係出自李敖之筆。

我們若與他人的悲傷產生共鳴，那是因為彼此相互依存。我們既是整體，又是更大整體的一部分，因此，我們只要改變自己，便可以開始改變世界，如果此時此刻我能夠成為愛和善意的中心，儘管這份努力那麼渺小，卻絕非無足輕重。這世界從此刻開始，有了前一刻所沒有的愛和善意的核心，而這將有益於我，也惠及他人。

你可能注意到自己並不經常處於愛和善意的中心，甚至對自己也不是。事實上，在我們的社會裡，憂鬱、孤單、自尊低落幾乎如流行病蔓延。這不是新聞，於今卻越來越普遍了。上一世紀，嚴重憂鬱症發作的平均年齡越來越低。如今在青少年之間，憂鬱、身體畸形恐懼症以及其他自我厭惡和缺乏自我價值感的表現尤為常見。數十年之前，達賴喇嘛於一九九〇年在達蘭薩拉的「心智與生命」（Mind and Life）會議跟科學家對話，當時一位西方心理學家提到美國自尊低落的現象，他先是一怔，後來才恍然大悟；這個字詞得用西藏文反覆翻譯好幾次，雖然他的英語程度很好，但就是不能明白其中的意思，最後他終於弄懂了，流露出悲傷的神色，怎麼會有那麼多美國人憎惡自己，覺得自己一無是處？而且接下來的數十年，情況更加惡化，如今，在社交媒體和其他因素的推波助瀾下，自尊心低落幾乎成為公共精神健康危機的流行病，尤其是年輕人。

在那番對話的時代，西藏人根本沒聽說過這種感覺，他們雖有難民在第三世界流亡、生活深受壓抑的嚴重問題，但自尊低落並不在問題之列；當然，不知道他們的下一代與我們接觸之後會如何？我們卻很諷刺地自稱所謂「已開發國家」，也許我們向外過度開發，向內卻低度開發；也許我們守著財富，卻活在貧乏之中。

你可以用慈心禪來改善這個貧乏問題，一如既往，就是從我們自己開始，你能在此時此地自心中生起善意和接納，並擁抱自己的美麗和身為人類的價值感嗎？當然，這是系統化的修行，你必須一遍又一遍這樣練習，就像鍛鍊肌肉，任何阻力生起，都跟它**共同**耐心處理，也就是說，在坐禪中，一遍又一遍將心帶回身體上入出息的覺受。心不會很快習慣，因為我們背負的創傷太深了，然而，你可以試著在正式禪修中找一段時間實驗一下，讓自己用覺知來觀照，猶如母親或父親用全然的接納和無條件的愛來擁抱受傷或驚嚇的孩子。你能在此時此地培育那樣的溫柔，即使只是片刻嗎？就算還不能原諒別人，你能刻意實驗在此時此地寬恕自己嗎？你能刻意讓自己在此時此刻自在安住在身體裡、皮膚裡、心中，跟事物如實面目相處？你能在此時此刻覺得還不錯嗎？你能在此時此刻生起安康和幸福的基礎嗎？

正式的慈心禪修行可以這樣開始，但萬勿以為字句就是修行，它們只是指路的路標：一開始，選擇一個姿勢安頓下來，這應該是體現醒覺和尊嚴的姿勢，錨定在這會呼吸的身體的覺受中，然後自你的心或腹部，將慈愛的感覺或影像向四周散發，如陽光照向四方，直到遍滿全身。讓自己倘佯在覺知的擁抱之中，猶如任何孩子都應該享有慈心澤被一樣，讓你的覺知體現出慈祥的母親能量，或慈祥的父親能量，或慈祥的朋友能量，並對自己的生命秉持著認識和尊重，這是一種慈心和無條件的接納，就算你在兒時得到一些，也不夠多。就讓自己沐浴在這種慈心的能量之中，入息，又出息，好像一條直通心臟氧氣管，一條救生索，雖年久失修，但終於將你匱乏已久的滋養輸送過來，也許很久很久以來，你都沒有自覺有所匱乏。

如果你願意，讓心中生起慈心的感受和無條件的接納，遍滿內心。也許可以憶起曾經有那麼一次，自己感到被看到、被接納，而那個人看到的，一直都是原原本本的你，飽滿完整的你，你的原初之美。你能在此時此地，在身體上、心智上和心靈上體會那些感受嗎？

有人覺得這很重要：不時這樣對自己說，甚至大聲說：「願我沒有無明。」「願我沒有自我中心。」「願我沒有貪瞋。」「願我不再受苦。」「願我快樂。」說完每一句之後，就讓自己如實體驗這一刻，卻不執著於非得到特定的感受和結果不可。這些字句僅僅是邀請性質，讓自己憶起、激發、滋養這些自然生起的慈心感受。現在，至少在無始無終的這一刻，它們是自覺形成的意向，幫助我們不再為自己製造問題，或因混入恐懼和健忘，或因不再感受到我們天生本具的美和價值感的慣性，而使情況倍加複雜。

一旦你整個生命成為散發愛和慈心光耀的中心——就等同你在慈心和接納中擁抱自己，你可以無限期安住在其中，啜飲其泉、洗沐其間、恢復生命力、滋養自己、活化自己，對生命每一層次都是深刻的療癒。

你還可以更進一步，在身體上和心靈上建立起慈心的溫暖中心之後，還可將這份能量向外散發到四方，惠及整個世界，或將這份能量引導至所關心的特定地方。也許你先實驗散發慈心給至親的家人，無論血親和／或姻親；如果你有子女，用心靈和內心之眼擁抱他們，觀想他們本真的自我，希願他們安好……，在內心默念：「願他們沒有痛苦，願他們終將找到自己在世間要走的真正道路，願他們體驗到愛、接納和歸屬感。」然後，如果你願意，還可擴大慈心的領域，一路將伴侶、配偶、兄弟姊妹、父母、子女的子女……統統包括進來。

你可以散發慈心給父母，無論他們健在或已逝，希願他們安好，不再感到孤絕或痛苦，並向他們表達敬意。如果你做得到，也覺得有益健康、有益解脫，你可以在心中找一處，寬恕他們的局限、恐懼、錯誤的行為以及所引起的痛苦，記著葉慈的詩句：「噯，她就是這樣的人，她還能怎麼辦？」

不必就此打住，你可以散發慈心給任何人，認識或不認識的都成。可以散發給你的祖先，認識的或未識的，生命的鏈條可以溯及無窮遠的時光，他們的生命神祕地以某種方式孕育了你這一刻的生命。這種修行可能不見得有益於健在的人，卻必然有益於你自己，因為這會精煉並擴展你的情緒生命。當你刻意將慈心導向目前處不來的人、不喜歡的人、有反感的人、對你具有威脅的人，或傷害過你的人，這種擴展會更加成熟；你也可練習將慈心導向一群人——在社區中或地球上受壓迫的人、受苦的人、陷於戰亂、暴力和仇恨的人——了解他們與你並無不同，了解他們也有所愛之人，也有希望和渴望，也需要庇護、食物與和平；你也可以將慈心導向地球本身，導向它的榮耀和它受的苦；導向生物圈和支持它的行星週期；這座行星有時被稱為蓋婭（Gaia），即我們有意或無意破壞的「活著的地球」。我們能否將慈心導向溪流和河川、空氣、海洋、森林、植物和動物，全體或單一對象均可呢？

在禪修中或生活中修習慈心可以無遠弗屆，慈心是對相依相存的現象持續不斷、不停擴展的領悟和尊重，也是相依相存活生生的體現，一旦你曾經愛過一棵樹或一朵花、一隻狗、一個地方、一個人或這一刻的你，你就可以愛那一刻的所有人、所有地方、所有痛苦與所有和諧。這樣的練習並不企圖去改變任何事，或到達什麼境地，雖然表面看起來好像如此，但其實慈心只是揭露事物此刻及一直存在的實相：愛和慈心一直在此處，或在某處，其實無處不在。一般來說，我們去探觸慈心和被慈心探觸的能力，往往深埋於我們的恐懼和創傷之下、貪心和瞋心的自我優先傾向之下、死命執著的疏隔和孤獨妄想之下。

藉著刻意喚起這些感受，並將其融入我們的修習中，我們就在探索並認識自身無明的邊界了。就像在正念瑜伽中，我們跟肌肉、韌帶和肌腱的阻力共處，並伸展自己；在那種練習和其他所有禪修中，我們逐漸認識並見證那些禁錮我們心智和心靈的虛假邊界、妄覺和無明從此消融。在這種伸展中，儘管有時痛苦不堪，但我們確能從中獲益，得以擴展、成長。至少我們多多少少從無明和愚癡中、從貪和瞋的支配中、從自我中心的衝動中得到解脫。我們若小小地改變自己，絕非無足輕重，我們也在改變世界，就像我們看到在單晶體結構中，只要摻雜其他微量的原子，便可出現有益的深刻變化一樣。越來越多的證據顯示，固定禪修可使大腦中所謂的功能連接性發生重要變化，也就是不同的腦區開始以新的方式對話。

因此，在非常真實且一點也不會微不足道的層面上，只要我們改變自己，我們實際上已經開始改變世界了。

＊

我的宗教是慈悲。

——達賴喇嘛

**請試一試**

在禪修某個時間點，探觸你內在的慈心感受。定期嘗試，也許在一段坐禪結束或身體掃描之後，看看能否找出自己反對這種特定修行的理由，或透視你自己「不可愛」或「不值得愛」的理由。把這些原由視為「僅僅是思考」，而不是真理。實驗一下，你是否可以浸浴在慈心的溫暖和接納中，如同你在童年被父母臂彎環擁，然後將這份慈心傳遞給他人，讓它自然地向外擴散到世界之中。這種修習沒有界限，但如同任何其他修習一樣，如持之以恆地精心呵護，便會加深並成長，就像精心呵護下的花園植物。要確保你此刻並不試著去幫助任何人或這個地球，只是用覺知托承他們，尊重他們，希願他們一切安好，以慈心、悲心和接納，向他們的痛苦打開心門。

如果在這個過程中，慈心禪召喚你在世上行事再也不同於以往，那麼，毫不猶豫去做吧——這是世界的福祉所繫——並讓這些行動也充滿慈愛和正念。

## 第三部

# 正念的真精神

我們所有人都在跟著同一位老師見習，這位老師就是各宗教打從一開始所處理的議題——實相。實相的智慧是：要把握二十四小時。好好做，別自憐。把各家小孩子一一接上車、送到校車站，跟清冷的早晨在佛殿中誦經一樣困難，沒有哪一個更容易些，不論哪一個都難免單調無聊，但兩者都具備高尚的「重複」特質。重複、儀式及其美好的結果會以多種型態出現，換濾心、擤鼻子、開會、收拾家裡、洗衣、檢查油量計——可別以為這些事情讓你從嚴肅的追求中分了心。雜務瑣事並非麻煩一串，別以為一旦逃開，就可以開始「修行」，步上「道」途——瑣事其實就是我們的道。

——蓋瑞・斯奈德《禪定荒野》（Gary Snyder, *The Practice of the Wild*）＊

＊譯註：中譯本書名《禪定荒野：行於道，醉於野，在青山中修行，與萬物平起平坐》，果力文化，2018年。

# 傍火而坐

從前，太陽一旦下山，除了蒼穹中變幻的月亮和滿天星斗、行星及各種天體外，火就是人們唯一的光源了。百萬年來，人類圍坐火旁，凝視著眼前的火焰和餘燼，背後盡是寒冷和黑暗，也許這就是正式禪修的起源。

火是我們的安慰，也是我們的熱源、光源和保護的來源，雖有些危險，但若能細心照管，也還在可控之內。一天結束之際，坐在火邊會感覺輕鬆、安全。在溫暖閃爍的火光中，我們得以放鬆，講講故事，談談這一天發生的事、唱唱歌，又或者就只是靜靜坐著。在火光搖曳、映照出一片炭火通紅的神奇世界中，倒映著我們的心念。火讓黑暗變得可以容忍，讓人覺得安心、安全；火可以平撫情緒，交付信賴，恢復能量，適於沉思默想，而且絕對是生存所需。

可惜這種必需品已經消失在日常生活中，隨之而逝的，還有那種在靜止、安住在「無作為」中；在安全的、無始無終的寂靜中的所有時機。在今日步調緊湊的世界裡，火變得很不實際，或僅僅成為偶一為之營造心情氛圍的奢侈品。當天光漸暗，我們只消輕觸開關，把世界照得多亮都行，然後照常過日子，將清醒的時刻塞滿忙碌、充斥「作為」、沉迷於永無止境的注意力分散。今日的生活沒有多少時間能用來感受生命的存在，除非我們刻意去抓住這樣的機會。我們不再有固定時刻因光線太暗而必須得停下手中的活兒；每晚也不再設定時間來換個檔，放下日間的活動。現在，我們極少有機會坐在火邊，讓內心安頓在寂靜之中。

取而代之的現象是，我們很容易沉迷於屏幕中，無論是大屏幕還是小屏幕。對於許多人來說，這些屏幕在白天伴隨我們工作，如今在一天行將結束之際，更是無處不在。這些蒼白的電子火光，跟真實的火相比，立刻黯然失色。我們讓他人內心的聲響和影像不斷轟炸，心靈完全棄械投降，腦中充滿了資訊片斷和碎屑，充塞他人的歷險、意見、興奮和欲望。無休無止地觀看越來越多的電視頻道，或失念地徘徊在無限數位世界的「無底洞」中，讓我們一天中用於感知寂靜和「存在」場域的空間更少。那些微弱又易於成癮的「電子火焰」吸走了我們的時間、空間和靜默，將我們催眠而陷入失念的被動狀態。

與此同時，生活一直在展開，我們的時刻逐漸消逝。幾十年前，人們開始稱電視為「眼睛的口香糖」。如今，數位革命使這些現象益發嚴重：在每一個電子產品上線點擊背後都有隱形卻非良性的資本主義監控、更具誘惑力的注意力經濟、社交媒體形成的迴聲室跟事實和真相脱離、被演算法驅動的屏幕時間最大化和「參與度」，更別提聊天機器人、人工智能（AI），以及指尖觸及的無限創造力（和未來可能的「更加智能」的機器帶來的潛在威脅）。而很快，這一切將以無形界面來實現。一切變得更加誘人、危險、失控、反烏托邦。同時，這一切對我們的影響變得越來越難以理解並掌控，尤其在年輕一代的身上。也許在我們輸給日益成癮的數位早熟之前，應當意識到，並把我們這物種所具備的全面的類比天賦「實現」出來。

自由新聞對民主至關重要。然而，報紙如今也越來越數位化，也可能剝奪我們原本可過更充實生活的珍貴時刻。我們真的需要獲取那麼多訊息嗎？我們吸收的真的是最重要的事物，還是過著永無休止吸收訊息和注意力分散的生活？

當然，我們並不一定要屈從這些娛樂和熱情召喚我們分心的外界誘惑。我們可以連繫上、甚至錨定在自己獨特的啟動力上，掌握自己和二十四小時的主權。我們大可發展其他的生命方式，從事一些修行讓我們回歸內心基本渴求——渴望溫暖、靜謐、連結、寧靜、幸福，以及「無作為」的徹底安詳。當我們與入出息同坐，就像是坐在火旁。深入觀察入出息時，我們可以看到，至少在炭火、餘燼和火焰中，心的倒影會舞動，某種溫暖也會油然而生。如果我們真的不試圖去他處，只是讓自己如實停駐在這個超越時間的當下，便可以輕易遇見一種古老的寂靜和絕對的歸屬感——在念頭、感受和忙碌生活的表象背後或之內——這樣的相遇也是在那個比較簡單的時代裡，人們傍火而坐所發現的靜謐。

# 和諧——及其瞬逝

我開車駛入醫院停車場時，上百隻雁群飛越頭頂，牠們飛得老高，以致聽不見鳴叫。令我心頭一振的是，牠們顯然知道要飛往何處，牠們朝西北方飛；雁群數量太多，以致弧形的隊形長長地往東方拖曳，而在那個方向可以看見十一月初冬的陽光正貼著地平線。當第一群雁在空中飛過，那目標明確的集結既尊貴又美妙，讓我大為感動，忍不住在車中抓起紙筆，用不怎麼高明的手和眼，盡可能捕捉那隊形，迅速勾勒幾筆就夠了……就怕牠們很快便消失不見。

成百隻雁排成人字形外，尚有許多隻飛成更複雜的排列，一切都在運動中，卻又維持優雅和諧的線條，時而下沉，時而上升，宛如絲幔在空中飄舞。雁群無疑彼此保持著連繫，溝通著。每隻大雁都知道自己的位置，知道自己歸屬於這隊伍，並知道自己在複雜而不斷變換的隊形中的位置。

我感到出奇地幸運，此刻是一件禮物，我被恩准目睹並參與這重要事件，畢竟人生是不可能常有這種為生命增添色彩的景象；一方面是因為牠們的野性，一方面是因為牠們所體現的和諧、秩序和美。牠們的歸屬感也喚起了我對自身歸屬的體悟。

目睹雁群飛越之際，我對時間流動的常態體驗一時中止了，牠們的隊形是科學家所稱的「混沌」[1]（chaotic），如同雲的形狀成或樹的輪廓，這其中有秩序，而在秩序中又嵌入了無序，無序中卻又一切井然有序。對我而言，這是一件令人讚歎和驚奇的禮物，大自然在我上班途中，以一小規模的方式顯示事物的實相，並提醒我：人類所知是多麼的有限，而我們又多麼無法欣賞、甚至看出其中的和諧。

當晚看報紙時，我注意到在菲律賓南部高地熱帶雨林的砍伐，起初影響並不明顯，直到颱風來襲，失去植被覆蓋的大地再也無法蓄水，土石便以四倍的流量向低地沖刷，淹沒當地成千上萬的貧困村民。正如流行的車尾貼紙說：「衰事總會發生。」[2]而問題是，我們往往不願正視自己在事件中扮演的角色。畢竟，蔑視事物的和諧，必有風險。

大自然的和諧始終在我們周遭，也在我們之內，能感知到這一點是自發的喜悅和幸福的感受，可惜我們往往等到失去或消逝了，才懂得珍惜。如果身體一直很健康，我們便不會關注這種和諧狀態。頭不痛這回事，對大腦皮質不是什麼頭條新聞；行走、視物、思考、呼吸和如廁可以自行發生時，是完全混入機械化和無知無覺知的心態中，只有不幸事件發生或漸趨衰老，才不再被視為理所當然；直到持續的痛苦、恐懼和失落把我們喚醒，我們才清晰認識到無常的法則一直

---

1 譯註：混沌理論是：一方面顯現出井然有序的模式，另一方面又是不可預測地漫無秩序，它從不重複自己，無論何時看它，總是稍有差異。

2 譯註：一九九四年電影《阿甘正傳》（*Forrest Gump*）中的名言：「人生就像一盒巧克力，你永遠不知道拆開是什麼，衰事總會發生。」曾是風行一時的車貼。

在運作，不可阻擋。然而在那些狀況中更難看到和諧，我們身陷動盪，猶如身陷湍流或瀑布；那是生命之河更艱澀、更深細層次的秩序，正如瓊妮·蜜雪兒（Joni Mitchell）唱的：「直到失去了，你才知道曾經擁有。」[3]

我下車時，心中向雁群深深致敬，感謝這群旅者在這必然帶有文明痕跡的醫院停車場上空，抹上一道自然野性的清新氣息。

**請試一試**

揭起無知無覺的面紗，好好感知到這一刻的和諧。你能否看得見和諧存在於雲朵、天空、人群、天候、食物、自己的身體，以及這一個入出息？觀照、再觀照，就在此處，就在此時！

3 譯註：為該歌手一九七〇年歌曲「大黃計程車」（Big Yellow Taxi）的歌詞。

# 清晨

梭羅雖然不上班，不必張羅孩子早餐、送他們上學，沒有外在的理由需要早起，但在華爾騰湖畔居住的日子裡，他習慣黎明即起，到湖中洗浴，這完全出於內在的理由，是一種精神層面自律：「這是宗教意味的鍛鍊，是我所做過最美好的事。」

班傑明．富蘭克林（Benjamin Franklin）在他著名的格言中，也力讚因早起而獲得的健康、財富和智慧，但他不只說說而已，還身體力行。

早起的好處，無關乎在這一天填塞更多忙碌和完成的時間，甚至恰恰相反；早起的好處是來自一段寂靜和獨處的時間，並將其用在於培養覺知的潛力；藉著明智的意向，這段時間成為體現醒覺的時刻，沒有其他盤算，只是全然置身當下，這就成為時間外的時間，僅僅純然存在。平靜、黑暗、黎明、寂靜、獨處——都使清晨成為正念修習的獨特時光。

早起還有個附加價值是，給你這一天提供一個確實的好的起點。如果能以正念和內在幸福感成為這一天的堅固基礎，那麼當你不得不開始起而「作為」時，這天所有的「作為」更可能從生命流淌而出，更能扎根於正念，而非失念，且能整日不費力地帶有一種內在的平靜和內心的平衡——或更容易恢復到這種狀態——這比你機械性地跳下床，反射性投入一天的要求和責任之中好得多，不管那要求、責任有多迫切、多重要。

清晨起床的力量極大，能對一個人的生命產生深刻的影響，縱使並未從事正式禪修。光是目睹每日的黎明，這本身便已是一種喚醒。

但我發現早晨是正式禪修的美妙時刻，在這個眾人未醒，世界的喧囂匆忙尚未展開之際，我起床後，將這一小時完全獻給「存在」，不去「作為」。六十年下來，早起習慣還是極富魅力。當然，我也會有難以鑽出被窩、身心有所抗拒的時候，然而，早起的部分價值就在於：即使我不情願，仍是堅持早起。

堅持每日修行紀律的主要益處在於，對無常變化的心情狀態看得更透徹。決心每日早起禪修，從字面上說，無論用什麼坐姿，不因在某個特定的清晨想做或不想做而變動；早起的修習將我們召喚至更高的標竿——時時持念覺醒，生活不致滑入自動的慣性模式，以致缺乏覺知和敏感度。僅僅早起從事「無作為」，本身就是一種淬鍊過程。用比喻來說，堅持一貫性和紀律，久而久之，產生出的熱能足以重新排列組合我們生命的原子，賦予我們嶄新、更加強大的身心的晶體結構。這種晶體結構讓我們保持誠實、穩定和靈活，並提醒我們，生活遠不止完成任務，哪怕是完成再偉大的任務。

不畏艱難險阻，堅持不懈，可帶來一貫性，不會因為昨日如何、預計今日又如何而變動。有要事的那一天，無論快樂或苦惱的事，或是在內心、外界都是兵荒馬亂的時候，甚至有很多事排隊等著我，而且感情很強烈的時候，我都會特地找時間禪修，哪怕只有幾分鐘都成，這樣一來，我就比較不會錯失這些時刻的內在意義、機會和祝福，結果反而還能應對得更順利些。

以清早的正念打穩地基，你就是提醒自己：事物不斷遷流變化，好事、壞事，來了又去；在面對任何因緣展現的時刻，我們確實可能體現出一貫性、智慧和幸福感的深入觀點。每日決心早起修行，正是上述視角的具體呈現。我有時稱這是「例行公事」，但其實它與例行公事有天壤之別，正念與例行公事正好完全相反。

如果你不情願比平常早起一小時，那麼半個小時、十五分鐘，甚至五分鐘也成，關鍵是掌握早起的精神。正如〈臥禪〉那一章，即使只是醒來後躺在床上——或離床起身——修習正念五分鐘，也會大有不同，因為在你決定要不要真正醒過來的時候，僅僅犧牲五分鐘睡眠，都會讓我們看到自己對睡眠有多執著；也因此，騰出一點點時間給自己安住於覺知、不作為，需要多大的紀律和決心！畢竟，思考的心一直拿著非常理直氣壯的藉口來告訴我們：既然你不會完成什麼事，那麼今早就不會有完成事情的壓力囉——但也許真正不禪修的理由是——你認為現在需要多睡些，所以何不就補睡一下，明天再開始呢？

為了克服心中這類完全可以預見的抗拒，你必須在前一晚做個決定：「無論到時候有什麼想法生起，盡快坐上蒲團、板凳或椅子。」這是真實意願和內在紀律，你這麼做，是因為你決心要這麼做，而且在特定的時間去做，不管心中雜音說想不想做。久而久之，這項紀律就成為你的一部分，也就成為你選擇要過的新生活了。其中沒有「應該」，也沒有強迫，只是你的價值觀和行動改頭換面罷了。

如果你尚未準備好（或即使你已經準備好了），你總是可以運用清醒的這一刻——無論這一刻何時到來——作為正念的一刻、開始嶄新一天的第一刻。在你移動身體之前，試著感知呼吸正在流動，感受躺在床上的身體，然後舒展，問自己：「我此刻醒了嗎？我知道這一天帶給我的禮物了嗎？我會清醒過來接受禮物嗎？今天有什麼事會發生？此刻，我真的不知道，但如果我想到今天要做的事，我能夠對這種『不知道』打開心房，充分接納嗎？我能夠視今日為一場冒險嗎？我能夠看到當下充滿可能性嗎？」

如果你夠膽大、夠投入，還可以躺在床上禪修，最好是用仰面躺著的攤屍式，就像在〈臥禪〉一章中提到的那樣。因為你剛剛醒來，在跳下床之前，何不檢查一下自己是否真的完全清醒，還是已經被思緒淹沒，或是對新的一天感到焦慮？我們說自己已經醒了，但真的醒了嗎？為什麼不趁腳觸地之前，就在此時此地完成這個過程？哪怕幾分鐘的正式修習，都可以為這一整天奠定更具覺知的基調。

＊

> 早晨乃是我醒來的時刻，那時我內在有了黎明。……我們必須學著重新醒覺，並保持醒覺，不必依靠機械的輔助，而是靠著對於黎明的無限期待，即使在我們熟睡時，這期待也不會離開我們。……把一天的質地加以改變，這乃是至高的藝術。
>
> ——梭羅《湖濱散記》

**請試一試**

對自己下個比已往早起的決定，光是這個決心便可以改變生命。無論提早多少時間起床，都讓這段時間成為「存在」的時刻、刻意醒覺的時刻，除了覺知，別用其他事物來填滿時間，腦中不必轉著今天該履行的一件件承諾，讓自己「提前」開始這一天。因為，這應該是一段無所謂時間的時間，一段寂靜、單純存在著，並與自己同在的時光。別查手機，但如有這種衝動，留意即可。

同樣的，剛醒來、起床前，先和呼吸連上線，體會身體裡各種覺受，注意生起的念頭和感受。讓正念觸及這一刻。感覺到呼吸了嗎？察覺到每一入息的開始嗎？此時此刻你能夠充分享受每一息自由進入身體的感覺嗎？能把心放在手上、腳上、心臟中，感受此刻可以感受的一切嗎？問問自己：「我現在醒著嗎？」然後查看。無論什麼生起，都很不錯了。

# 親身接觸

我們對現實都有自己的想法與圖像，這往往受到別人意見、上過的課、讀過的書，或者網路、電視、收音機、報紙和整體文化現象的影響。上述一切來源為我們勾勒出印象和圖像，告訴我們事物以什麼方式存在，以及什麼事情正在發生，我寫下這些文字時，大型語言模型（large language models，LLMs）、聊天機器人，以及越來越多的通用人工智能（artificial general intelligence，AGI）的嘗試，也加入其中，益加複雜。如此一來，我們往往通過自己的思維，或他人的思維，甚至機器生成的輸出來看待事物，而不是直接把握就在眼前或內心的事物。甚至，我們也往往懶得去注視或檢查自己的感覺，因為我們假設自己早就知道，也一定能了解，於是我們對初次新鮮相遇的神奇和活力視而不見，因此，一不留神，就會忘掉親身、不加濾鏡的接觸是有可能的。我們可能對日常生活中和此刻最基本、最奇妙的部分，毫不知情；我們可能生活在自己製造的夢幻現實中，全然不覺自己和經驗之間有一種失落、鴻溝和不必要的距離。無知的程度，使我們在精神面和情緒面，都變得十分貧瘠。然而，只要我們與世界的接觸轉為親身而直接時，美妙而獨特的事將會降臨。

麻省理工學院著名的理論物理學家維克特・魏斯考夫（Viki Weisskopf）[1]是我曾經的導師和好友，有一段時間擔任歐洲核子研究組織（The European Organization for Nuclear Research，CERN）的負責人，他曾說過一個關於親身接觸的故事，頗為動人：

「數年前，我受邀至土桑市（Tucson）的亞歷桑納大學（University of Arizona）作一系列講座，我欣然接受邀請，如此我就會有機會去參觀克茲峰（Kitts Peak）天文台，那裡有一台非常精良的天文望遠鏡，我一直想親眼望一望。我請主辦方為我安排一個晚上去參觀天文台，讓我親眼透過望遠鏡來觀察一些有趣的天體，不料對方告訴我歉難安排，因為這架望遠鏡一直有攝影和研究的任務，無暇供人只是用來觀測天體。這樣一來，我便回絕對方說無法前往講學了。又過了幾天，我接到通知，一切都依我的願望安排妥當。結果我們在一個非常晴朗的夜晚驅車上山，繁星和銀河鮮明閃爍，觸手可及，我登上圓頂，告訴操作電腦控制望遠鏡的技師：我想看土星和一些銀河系，能夠親眼清晰觀察到以前只在照片中看過的清晰細節，感到無比愉悅。我一面看，一面注意到房間內開始擠進了許多人，他們一個一個也開始用望遠鏡觀察起來，有人告訴我，這些人是在天文台工作的天文學家，可是從未有機會親身觀察他們研究的對象。我只希望這次的際遇，讓他們了解親身接觸有多重要。」

1 譯註：全名為 Victor Frederick Weisskopf（1908-2002），生於奧地利的美國猶太裔理論物理學家。

**請試一試**

試著看待你的生命至少猶如星月一樣有趣和神奇。那麼，是什麼攔阻你親身接觸生命呢？你能如何改善？

——維克特．魏斯考夫《洞見的喜悅》（*The Joy of Insight*）

# 還想告訴我什麼呢？

在醫患關係中，親身接觸當然絕非小事，事實上，若呈現一種富有同理心、開放的心態，對於所謂的「臨床問診」非常有幫助。我們不遺餘力地使醫學院學生了解此一領域的複雜性，讓他們不致因為膽怯而逃避，因為這需要涉入個人感情，也需要醫生同理地傾聽，把病人視為完整的人，而非一則則疾病謎題或只是可以發揮判斷、取得掌控的機會，因為這些是醫生們會被打分數的依據。橫亙在親身接觸之前的障礙不少，許多醫生在這方面欠缺此一醫學維度的正規訓練，渾然不知良好溝通和關懷在所謂的「健康醫療照護」（health care）中的關鍵作用，結果往往變成了「疾病照護」（disease care）。就算是良好的「疾病照護」，也不能把病患從整體考量中排除，或患者感到被排除在外，那就連「疾病照顧」也談不上了。

我的老母親，活到一百零一歲，曾因遇不著醫師願意認真重視她所關切的問題而生悶氣。在某次（這是她主動要求的）她對為她換人工髖關節的醫生強調，自己仍然不良於行，且疼痛不堪，但那位骨科醫生僅僅研究了一下X光片，讚賞一下手術很成功（他當時用的字眼是「好極了」），卻始終沒去實地檢查一下眼前有血有肉的關節和腿，也沒把她的訴苦聽進去，直到她多次堅持必須檢查身體實際情形，醫生才做了檢查。但結果也沒什麼不同，因為醫生相信X光片，認定她不可能會疼痛——可是她的確在痛！

醫生往往不自覺地躲在他們的手術、儀器、醫學檢驗報告和醫學術語背後，甚至躲在忙碌的表象之下，他們可能不願意太親身接觸病人，把病人看成一個人、一個個體，有其獨特的想法和恐懼、價值觀、關懷取向、問題，可言說或不可言說的種種。醫生經常懷疑自己有沒有能力這樣做，因為這是一片未知又令人害怕的領域，部分原因可能是他們連自己的想法、恐懼、價值觀和關懷取向也不習慣去深入，以致感覺別人的想法等等更讓人望而生畏，也可能是他們覺得沒空打開這些潛在的感情閘門；又或許他們不知如何恰如其分地回答病人的問題。但其實病患最需要的是聆聽、與他們同在，還有，被認認真真當成一個人，而不僅僅是一個主訴或疾病。

為此，我們教醫學院學生與病人臨床問診結束時，要多問一個開放性的問題：「你還想告訴我什麼事呢？」我們同時鼓勵學生視情況需要，不妨多等一下，如有必要，停頓再久一些，並且讓病人有充分的心理空間，想一想自己的需求，以及當初來求醫的目的，而這個話題通常不是開始一兩次問診就能談清楚的，尤其如果醫生對病患並不特別敏感或正在匆忙中診病，更不可能談到。

有一天，在教師進修課程中，另一個機構的幾位專家談到他們關於臨床問診的訓練計畫。他們播放錄影讓學生觀看自己與病患晤談的風格，並直接回饋。有一段，他們放映了一連串簡短的剪接鏡頭給我們看，當中全是不同會談中的最後一個問題：「你還想告訴我什麼事呢？」在放映前，他們要求我們觀察，然後報告觀察到什麼情形。

看到第三位醫生時，我已經笑得快要滾到地上了。我很驚訝看到那麼多經驗豐富、技術頂尖，卻面無表情的醫生，雖然有幾位醫生迅速會意調整過來。但一個接一個畫面上演同樣的面無表情，顯然他們自己並未察覺，就像我們眼皮下發生的許多事情。

在每一個鏡頭中，學生在對話結尾說出那句被要求說出的台詞：「你還想告訴我什麼事呢？」但是，每一位都很明顯邊說邊搖著頭，好似意在言外地傳遞著一個訊息：「不，請別再告訴我什麼了！」

# 你就是自己的權威人士

我一開始在醫學中心上班時，院方發給我三件白色長袍，口袋上清楚綉著「醫學系／卡巴金醫師」，身為一名沒有任何醫學訓練的基礎科學家，我很高興被納入這個圈子。事實上，我能成為這樣一個崇高事業的一部分，深感榮幸和感動。然而，但那三件白袍掛在我門後二十年了，至今從未穿過。

對我而言，白袍是我身為禪修老師和正念減壓講師工作中絕不需要的東西。雖然白袍對醫生而言是樣好東西，能加大權威光環，給病人一帖正面鼓勵的安慰劑，若是聽診器再恰到好處掛在身上，那麼光環就更大更耀眼了，也因此年輕醫生常喜歡將聽診器以看似稀鬆平常的方式從頸肩上垂掛下來。

然而在正念減壓診所，白袍卻真是一種障礙，我已經必須努力使病人不要把「正念先生」、「放鬆大師」、「無所不能、有求必應醫師」或「悲智化身先生」投射在我的身上。正念減壓的核心——這裡側重的是提升健康——是激勵人們做自己的權威，為自己的生命、身體和健康扛起責任。我常強調每個人早已是自己的世界級權威，或者說只要開始系統性、更正念地關注自身，便至少有可能成為權威人士。我們所需要學習的有關自己或自身健康的訊息——也就是讓我們成長、療癒、做出最佳生命抉擇的、不可或缺的訊息——很多都已在彈指間，或者說在我們鼻下了。

要更全面地參與自身的健康和福祉——現在正式稱之為**參與式醫療**，需要我們更仔細地傾聽，並信任我們從自身生活、身體、內心和感受中聽到、學到的訊息。這種參與感和對內在潛能的自信，使我們能夠成為自己終身健康照護的積極合作夥伴，這在醫療體系中常常是缺席的。我們每個人都具備內在的潛能，可助我們療癒、更有效地回應挑戰、更清晰地看待問題、更有力地表達自己、提出更多的問題，並且更善巧地應對生活。利用這些能力並不是為了替代專業的醫療服務，而是一種重要的互補，希望活得更健康——特別是當你面對疾病、身障、慢性健康狀況、衰老的挑戰，甚至還要面對常常使人疏離、恐懼、麻木、壓力過大、有時還會造成醫源性[1]的不良醫療系統。

培養這種參與的態度以及由此而來的投入，意謂多少為自己的生活承擔起創作者的角色，因此，對本身的健康和福祉也承擔起一定的權威。這需要相信自己。然而，令人遺憾的是，很多人在心底並不相信自己。

正念探索可以療癒自尊低落感或貶低自我價值的慣性，僅僅因為自尊低落其實是一種錯估，也是對實相的誤解。當你開始觀察自己的身體，甚至只是禪修中觀察入出息時，你會很清楚地看到這一點。你很快發現到，你的身體在每個層面都是奇蹟，從原子和亞原子層面到大分子、細

1 譯註：因醫生的診斷、態度或醫治而引起的。

胞、高度專業功能性組織、器官等等。它是一座真實的銀河系，一個奇蹟，從某種角度來說，99.9% 都是空的，從另一個角度來看，一半以上是水，能夠輕輕鬆鬆地在你這獨特的星座之中有所知覺，而你腦殼中有我們已知宇宙中最複雜的物質構造——人類的大腦。你無需刻意而為，身體卻在每一刻都在完成驚人的壯舉。我們的自尊問題，多半源於我們的思考往往受到過去經歷的影響，有時這些經歷極具各種創傷性和破壞性。我們不但很容易只看到自己的短處，還把它們放大到不成比例的程度。同時，我們視自己的長處為理所當然，或根本視而不見。或許我們還困在深深的、仍流著血的童年創傷中，完全忘了或從未發現我們身上金光閃亮的素質。傷口固不容輕估，但同樣重要的，是那更大的身心空間，容納著這些傷疤，而這個空間本身毫髮未損，不見傷疤。同樣重要的考量中，還有我們內在的善良、關懷、對他人的善心、對身體天生本具的智慧、思考和分辨事理的能力、知道「什麼是什麼」的能力。我們確實知道「什麼是什麼」，只是我們經常不允許自己承認。令人遺憾的是，我們經常習慣性地認定別人沒問題，是自己有毛病。

如果別人用「你沒問題，我有問題」的方式投射到我身上，我會阻止，盡可能用他們能夠了解的方式回應，希望他們能明白自己在怎樣看待自己，並理解他們對我的欣賞，其實屬於他們自己。這種正面感受是他們自身的，這種感激也是他們自身的。如果有理由的話，那個理由也在他們自己身上，而不在我身上。這是他們的能量、他們的美麗，希望他們——藉著持續的練習——意識到這一點，認識到他們需要掌控它、利用它，並珍視這些源頭就在他們自身之內。為什麼有人要把自己的力量繳械，尤其是藉著投射呢？

*

〔人們〕以每一個人擁有多少，來衡量如何尊敬彼此，而不以彼此的本質……唯有你自己，才能帶來寧靜平和。

——拉爾夫·沃爾多·愛默生《論自助》（Ralph Waldo Emerson, *Self-Reliance*）

# 無論何往，即是所在

你是否注意到，你怎麼逃也逃不了嗎？你不想處理、試圖逃開的事，或者用紙糊上、假裝沒有的事——尤其是跟舊有模式和恐懼有關的事，都遲早會追上你。我們常有一種浪漫的想法：如果這裡不好，只要換到那裡去，事情就會改觀；如果這個工作不好，就換個工作；如果伴侶、妻子、配偶不好，就找別人來愛，讓別人也愛你；如果這個城市不行，就搬走；如果這些孩子造成問題，就交給別人看管。這種想法的潛台詞是：麻煩的原因都是外來的——因為在那個地方、他人、在那個情況下。只要改變地點、改變環境、改變跟你在一起的人，一切就會井然有序；你可以翻篇，重新開始。

這種看法的問題在於，你容易忘了你始終帶著腦子和心（以及所謂「你的業」〔karma〕）。不論再怎麼努力，你都甩不掉自己。如果不是癡心妄想，你憑什麼理由相信在另一個地方事情會不一樣或有轉機？如果問題是出於看待、思考、行事的模式，那麼同樣的問題遲早又會浮現。生命失去活力是因為我們不再努力面對生命；是因為不願面對此時此地的如實真相，負起責任；不願解決難題和挑戰、喜好和厭惡，反而被它們束縛，這些都太常見了。我們未曾意識到，或者忘記了，不管事情有多棘手，其實就在此時此地，我們便可以獲得幸福、平靜、清明、理解和轉化的時刻，並根據這種認知來採取行動。然而，把我們以為的問題投射到其他人或環境上，對自我意識來說，要容易得多，也少了些威脅感。

挑錯、責怪、相信是外界需要改變，容易得多，也就是逃避那些阻止你前進、不能成長、找不到幸福的力量；或是你可以全怪到自己頭上來以逃避責任，你甚至認為自己把一切搞砸、錯得無力回天，最終為了逃避責任而離開——無論是身體上、情感上，還是兩者兼而有之——然而，無論是怪別人或怪自己，你都是屈從於一種有毒的信念：認為自己無法真正改變或成長，你需要退出這個場景，免得別人再受苦。

這種處事方式所造成的傷害隨處可見，舉目四望，到處都是破裂的感情關係、破碎的家庭和殘破的人心——失了根，走迷了；從此處流浪到他處，從一個工作換到另一個，從一段感情轉投另一段，從一種救贖的幻想轉向另一種；死命想找到對的人、對的工作、對的地點、對的書、對的播客（podcast）或複方藥物，能使事情改觀。要不然就是感覺孤立、不值得被愛、絕望，甚至放棄尋求內心平靜，甚至試也不試，心中明知：就算是錯誤的嘗試，也可能獲得一絲內心平靜。

人們期待在他處找尋答案和解決方案的模式，禪修本身也不能免疫。有時人們習慣性地從一種修行方法轉到另一種、從一位老師跳到另一位、從一個禪修傳承換到另一個，一直找尋某種特別的東西、特別的法門、特別的人我關係、某種頃刻間的「高點」（high）或洞見，以便打開通向自我理解和解脫之門。但這路徑可能會導致嚴重的妄想、一個無止境的探索，來迴避直面事物的實相，也就是距離內心最近、卻也許是最痛苦的答案。人們由於害怕，又渴望有個特別的人適時出現，能夠看見他們，幫助他們更分明地觀照事物，因而常會不健康地依賴禪修老師，忘了無論老師多麼優秀，你終究必須親自從事內心的修行，而這種修行得發自於你自己的生命。

有些人甚至誤用老師帶領的禪修閉關，將其當作浮木抓著，卻未把握深入覺照自己的機會。就某方面來說，在閉關期間，一切都容易多了，生活所需都被打理好了，世界變得條理分明，只需要坐禪、行禪、保持正念、活在當下。貼心的工作人員將飲食照料得妥妥貼貼，老師都是自身已從事深入修行，並達到相當智慧與和諧的人，只消諦聽老師所開示的偉大智慧，我們就能轉化，激勵自己活得更加充實、更知道如何在世間自處，對自己的問題也更會有深入的看法。

一般而言，確實如此。優秀的老師、長期閉關和獨一靜處，確有深刻的價值和療癒效果，當然，前提在於這個人願意面對閉關中浮現的所有問題；但這些做法也會有危險，必須分外警惕，因為閉關也可能成為逃避生命和世間生活的方式，結果「轉化」僅流於膚淺的表面，而導致那種光耀在閉關結束後的幾天、幾週或幾個月之後，如不小心呵護，一切又回到舊有的生活模式和思考模式，在主流社會的人我關係、生活和工作又欠缺清明的認知了——然後已經開始期待下一次閉關、下一位偉大的老師，或者前往亞洲佛國朝聖，再不然就是編織出浪漫的妄想，期待自己將能更深刻、更清晰地觀察事物、成為更好的人。

這種思考和看待事物的方式是太常見的陷阱。長遠來說，逃避自己是不可能的，只有轉化一途。無論你用迷幻藥還是禪修，酒精還是異國旅行、離婚或辭職，沒有一個解決方案可以導向成長，除非你完全面對當前的狀況，以正念向它打開心門，用當前狀況的粗糙來磨掉自己的稜角。

換句話說，你必須願意讓生命本身成為你的老師。

覺察你置身的時地，此時此地的一切，就是正念之道。然後，「當下」真的「即是」了……在當下這個地方、在當下這份人我關係中、在當下這個困境裡、在當下這份工作、這個疫情、這個時刻。正念的挑戰在於處理你置身其中的情況——無論多令人不快、多沮喪、多受限、看起來多沒完沒了、又動彈不得——你仍必須盡一切力量運用它們的能量來轉化自己，然後再決定是否放棄，並邁步向前——有時候這可能是唯一正確的決定。但正是事情已經如此，如其本然，不假修飾，真正的正念和慈心修行才得以在此處展開。

所以，如果你認為禪修單調無趣，沒有價值，或是現狀的因緣條件不盡理想，還以為去喜瑪拉雅山的山洞、亞洲佛國的寺院、熱帶海灘、自然景觀環繞的閉關中心，一切就會變得更好，禪修就能更上一層樓。請三思吧！因為當你到了山洞、海灘或閉關中心，你的內心、你的身體和你的入出息還是和在這裡一樣。待在山洞裡十五分鐘之後，你或許開始感到寂寞，想要多點光亮，擔心屋頂破洞可能會滴水到身上；又或是你在海灘，遇到濕冷天氣；還有可能你在閉關中心，卻不喜歡那裡的老師、食物或房間；反正你總會有不喜歡的事物，何不放下這一切，承認你最好還是無論置身何處、一直、每一刻都泰然自若？就在那一刻，當那一刻生起時，它就是**此**刻，你才能探觸到生命的核心，讓正念進來，並療癒自身。唯有了解這一點之後，那時，而且唯有那時，山洞、寺院、海灘、閉關中心才向你展開它們真正豐盛之處，但同時，在其他的時刻、地點，也都一樣能豐盛。

＊

我的腳在一道狹窄的岩架上滑了一下：在那一瞬間，恐懼如針尖刺進了心臟和太陽穴，永恆和當下交會，心念和行動無異，岩石、空氣、冰雪、太陽、恐懼與自我合而為一。令人振奮的是，能夠將這樣敏銳的覺知延伸到平凡的時刻，胡鷲和狼在每一刻的體驗中已然覺察到自己是事物的中心，不再需要知道生命真正的奧祕。在這一個入出息中，蘊含所有偉大老師傳授的奧祕，也就是一位喇嘛所稱「當下的精準、開放與智慧」。禪修的目的不是開悟，而是對甚不起眼的時刻也保持覺知、專注當下——除了當下再無其他，同時懷著**當下**的正念進入每一樁尋常的生活事件中。

——彼得・馬修森《雪豹》（Peter Matthiessen, *The Snow Leopard*）[1]

1 譯註：彼得・馬修森是位自然生物作家、探險家、小說家，本身也是個禪修者。一九七三年，他和田野生物學家喬治・夏勒（George Schaller）前往尼泊爾研究喜瑪拉雅藍羊，也想一窺珍貴、稀有、美麗、已經瀕臨絕種的雪豹。《雪豹》一書描述他們艱難困頓的跋涉，以及對動物觀察的詳實紀錄，也充滿他性靈上的探索所悟出的警言智語。本書不僅二度獲得美國國家圖書獎，更是持續近四十年不墜的經典著作。中譯本《雪豹》，馬可孛羅出版，二〇〇三年。

# 上樓

日常生活中可以修習正念的機會比比皆是，上樓對我就是個好練習。我在家時，每天就得上樓幾百次，到樓上拿東西，或找樓上的人講話，可是我的長期基地在樓下，所以我常在樓上樓下來回拉扯：我上去只是因為找到我需要的物品，或上完洗手間之後還要下來。

於是我發現自己常被自己「需要去哪裡」，或認為「下一件需要發生的事」、「下一個應該去的地方」所牽制。有時我察覺到自己三步併做兩步衝上樓；有時正念會覺醒，逮到自己在狂亂中衝刺，我覺知到自己有點喘不過氣，心臟疾速跳動，內心也一樣。當時我整個生命被一些急切的目的所驅策，以致上樓以後常常忘掉當初上樓的意義何在。

如果我能在樓梯最低一階或剛開始上樓之際，捕捉到這股能量所生起的波動，我就會慢下來，不只是一步一階，而是非常慢，也許一息一階，提醒自己，為了讓此時此刻生命全然的存在，沒有什麼地方不能等到下一刻再去，沒有什麼東西不能等到下一刻再拿。

我發覺，只要我記得運用正念，一路上便比較能夠連繫上當下，到了樓上也比較平靜；我也發覺其實並沒有所謂外在的匆忙，只有內在的匆忙，而這份匆忙是被不耐煩和一種失念的焦慮思考所驅策。這種思考有時非常細微，細微到我必須仔細聆聽才偵測得出來；有時則非常明顯，怎樣也扭轉不了它的動能。即使在那種時候，我也可以覺察到這份匆忙及其後果，這種覺知本身就會幫助我不致迷失在內心風暴當中。還有，你可能已經猜到了，下樓也是一樣，但下樓時因為有地心引力而加速，所以若想放慢下來，更有挑戰。

**請試一試**

可用家中尋常而且一再重複的情境——家中有幾層樓無關緊要——來修習正念：去開門、坐在筆電前、找手機、找家裡的人講話、去洗手間、從烘乾機中取出衣物並收好、走到冰箱前，都可以放慢腳步，也都是感知每一時刻的好機會。留意一下，推你走向手機或聽到第一聲門鈴響的感覺，或對通知鈴聲引起巴甫洛夫的條件反射（Palvovian response）[1]。如果你的通知鈴聲一直都在響，你為什麼需要這麼急著反應？急到把你從生命的前一刻抽拔出來？這樣的過渡期能否更優雅一些？可不可以每一刻都一直保有正念？不強求也不強迫，真正做到「無作為」？

1 譯註：著名的心理學家伊凡．巴甫洛夫用狗做了這樣一個實驗：每次給狗送食物以前打開紅燈、響起鈴聲。這樣經過一段時間以後，鈴聲一響或紅燈一亮，狗就開始分泌唾液。這稱為經典條件反射（又稱巴甫洛夫條件反射），是指一個刺激和另一個帶有獎賞或懲罰的無條件刺激多次聯結，可使個體學會在單獨呈現該一刺激時，也能引發類似無條件反應的條件反應。

還有，試著與日常慣性活動同在，像是淋浴或吃飯等等。淋浴時，你真的在淋浴嗎？能感覺到水流過皮膚的觸感嗎？還是神遊去了，或在念頭中迷失，而根本沒有真正在淋浴？吃飯也是另一個練習正念的好機會，你嚐到食物了嗎？你察覺到自己吃得多快、吃了多少、在何時吃、在何地吃、吃了些什麼食物嗎？你能整天不費力地都與自己同在、一再一再將自己帶回當下時刻嗎？同時，又好像你的生命就仰賴著正念？

# 邊聽巴比．麥菲林，邊清爐台

我清洗爐台時會同時失去正念，又找回正念，這正是個修習正念的大好機會，也很難得。因為我不經常清洗爐台，所以決定動手去做時，頗具挑戰性，而且有不同層次的潔淨目標可以追求，我——在適度的範圍內——則是要在清理完畢後，讓爐台看起來跟全新的一樣。

我拿起一塊夠力的絲瓜布，再加上小蘇打，如果力道夠，便足以磨掉食物殘塊，又不會刮傷表面。然後取下噴火嘴和底下的盤子，甚至拆下開關的旋鈕，泡在水槽中，留到最後再解決。接著，我開始刷洗每一吋爐台表面，有時繞圈刷，有時則來回刷，全看污塊的方位和分布而定。當我打圈或來回刷拭時，可以感覺到全身的動作，我不再是為了爐台的煥然一新而清理，我只是隨著眼前景象的徐徐變化，動著、動著，看著、看著，最後我用濕海綿將表面仔細擦拭一遍。

偶而，音樂也會為這種體驗增色，不過我多半喜歡安靜地做這件事。好久以前的一個星期六早晨，我清洗爐台時，錄音機恰好播放著巴比．麥菲林（Bobby McFerrin）的歌（因為是錄音帶，就可想像有多久以前了），於是清洗爐台成了身體的舞動，加上麥菲林有趣的吟唱、音響節奏，全融洽於一爐；隨著動作展現，音樂在動作中流轉，手臂的感覺豐富美妙；手指在絲瓜布上隨著需要調整壓力，前次烹煮遺留下來的污塊形狀逐漸改變，終至消失。一切隨著他完美的音調和魔幻的吟唱中，在覺知中生起滅去——純粹的音樂享受，一場專注此刻的大舞蹈，一場當下的慶典。最後，我有了一座清潔的爐台。雖然一些內在聲音會開始翻攪，像是一般想邀功（「看我把爐台清得多乾淨！」）或尋求肯定（「我是不是做得很好？」）的念頭，但迅即被廣闊的理解和欣賞所化解了。

從正念的角度，我實在無法搶功宣稱：「我」清洗了爐台。更應該說是在巴比．麥菲林的歌、絲瓜布、小蘇打、海綿，偶而配上一些熱水客串，以及一連串此時此刻的齊心協力下，爐台自己清理乾淨了。

# 什麼是我此生的使命？

我們最好一再自問：「什麼是我此生的使命？」——尤其是我們生命的第三、第四、第五個十年——但越早開始自問越好。不然，我們可能履行了別人的任務還不自知；說得更明白些，這個別人可能根本是我們想像出來的虛構形象，甚且是被這形象禁錮的囚徒。這個問題可以被視為一則禪宗公案——並應給予相當的尊重。它並不是一種特權，儘管乍一看似乎如此。相反的，它呼喚我們深入而直觀地探尋自己業力的軌跡，以及自己內心獨特的熱情、渴望和天賦——並觀察它們如何隨著時間的推移而變化並進化。

我們身為會思考的動物，一如所有生物，一方面封裝在所謂「身體」這獨一無二的有機體中，另一方面又一視同仁地鑲嵌在生命無盡展現的經緯交織中。唯有我們，至少在活在陽光照耀下的短暫人生時光裡，能夠扛起「生而為人」的責任，不幸地，也唯有我們，才會被這顆思考的心障蔽了在這世間的旅程，而只要我們一直躲在思考慣性和條件反射的陰影之下，甚至有可能永遠意識不到自己的獨特性。

發現並發明「網格穹頂」（geodesic dome）[1]的巴克明斯特．富勒（Buckminster

1 譯註：另譯為測地球頂、多面體穹窿、穹頂。這是富勒對建築的鉅獻，他看到了傳統的多面體、球和建

Fuller），三十二歲那年，經歷一連串經商失敗，深感自己一無是處，最好還是自行了斷，至少可以讓妻子和襁褓中的女兒日子好過些。某天晚上，他在密西根湖畔徘徊數小時，輕生的念頭縈繞不去，雖然他的創造力和想像力日後讓人驚嘆不已，但顯然他當時覺得凡嘗試過的、努力過的，全都一事無成。然而，他並沒有選擇結束生命，反而從此決定活下去（也許是因為他深刻的信念，相信宇宙的統一性和秩序性，而他又是整體不可或缺的一部分），**彷彿**過去的他在那晚真的死去了。

既然死了，就不必再擔心往後個人的成敗，可以自由自在地以宇宙代表的身分活著，他的餘生就算一件禮物了。後來，他並不為個人而活，反倒經常自問：「在這星球上（他稱我們這個星球為「地球號太空船」〔Spaceship Earth〕）[2]所需要做的事，哪些是我知曉箇中一二，而且是我不承當就沒人承當的？」他決定不斷問自己這個問題，然後根據所得到的啟發來做事，並跟

築之間的聯繫，於是從二十面體開始，把它的面分成一些等邊三角形，使其形狀接近球形。對一特定體積而言，球的表面積最小，因此圍入空間較多而費材較少；同時藉張力和壓力達到平衡，不如傳統建築要求考慮重量和支撐。

2 譯註：富勒終生致力創作《地球號太空船》操作手冊，對一些值得深思的基本問題提出答覆，諸如人類有機會在地球上永續成功存活嗎？如果可以，如何存活？為了強調他「地球號太空船」的概念，他創造出活動高效世界地圖（Dymaxion map of the world），為首張無視覺扭曲的世界投影，將大陸顯示於平面上，而且顯示出是地球基本上是一面大海洋中的一個島嶼。

隨直覺而行。如果你也這樣受雇於整個宇宙，為人類盡力，你可以經由你的存在、你的風格以及你的行事，對你身處的環境做出修正和貢獻，然而這一切不再關乎個人，反倒是整體宇宙展現自身的一種方式。而且，以某種方式，通常相當神祕地，生存甚至繁榮所需的資源也會逐漸浮現。宇宙還會協助配合。

我們很少決心去質疑並深思，內心對我們的召喚是要做什麼、要成為什麼。我總喜歡將這類努力用問題的形式來陳述：「什麼是我此生的使命？」，或者「我最關心，讓我願意花錢去做的是什麼？」如果我問了這樣的問題，卻只有「我不知道」這種答案，那麼我就會繼續再問。如果你二十幾歲開始反思這類問題，等到你三十五歲或四十歲，甚或五、六十歲，這個探索本身會帶領你到達一些境地；你若只遵照主流傳統或父母的期望，更糟的，甚至僅跟隨未經檢驗、自我設限的信仰和期望，是達不到此番境界的。而且，如果你對自己提出這些問題並信任自己內心的渴望、興趣、直覺，去辨別什麼是你該做的，什麼不是，並無視那些反對的聲音——無論來自外界還是你內心，那麼，這種探索不僅對自己有益，還對更廣闊的世界有益。

你可以在任何時間、任何年齡開始問自己這些問題，因為每一人生階段對你的觀點和選擇都有深刻影響，這並非意謂你會改變你該做的事，而是改變你看待或觀照事情的方式，以及做事的方法。一旦宇宙是你的雇主，即便你仍領著別人付你的薪水，事情也會開始變得有趣起來，但是你必須有耐性，你的生命要花點時間才能成長到這種境地。下手的地方當然是此處。至於最恰當的時間呢？你覺得當下如何？

你絕對料想不到這樣的內省會帶給你什麼啟示。富勒本人常喜歡說：「在當時看起來發生的事件，從來不是完整的故事。」他指出，對蜜蜂而言，最重要的自然是製造蜂蜜，但蜜蜂同時也是大自然為花朵和作物執行授粉的媒介——這是一種我們瀕臨失去的寶貴資源，因為蜂群正因環境壓力（包括新的侵入性寄生蟲）而大規模死亡。相互關聯是自然的一個基本原則。沒有一件事是孤立的，每一事件都與其他事件有關，大自然的基本原則是相依相存，現象不斷在不同的層次展現，我們必須盡可能認識到交織錯綜的整體，並學到以真實和堅定的心態，在繁複的生命織錦上追隨我們自己的那條絲線——不被任何障礙嚇倒，無論是種族、社會、經濟、性別、制度或個人的障礙。

富勒相信大自然有一深層的結構，在其中，形式和作用不可避免相互連結在一起。他相信大自然的藍圖終將顯示出意義，也終將在許多層次上與我們的生命產生實際的關連。在他去世前，X光結晶體研究顯示，許多病毒——生命邊緣的巨分子的亞微觀組合——現在因COVID而家喻戶曉——其結構與他研究多面體而發現的網格穹頂的原則是一致的。

可惜他生前未及見到，他種種開創性的發明和想法深深影響了後人，他也未能料到後來的科學家竟奠基於此，而發現一種具有奇妙性質的足球狀碳化合物——後來稱為富勒烯（Buckminsterfullerenes）或巴基球（Bucky Ball）[3]——因而開啟了一個嶄新化學領域。因

3 譯註：一九八五年英國化學家克羅托（Harold Walter Kroto）和美國化學家史麥萊（Sir Richard

為他在自己的領域興味盎然地嬉遊，追隨自己的道路，因此他的探索揭開了新的發現和一個意想不到的世界，有為者亦若是，你當然也可以如此！富勒從未以為他有任何特殊之處，他只是一個喜歡嬉遊於想法和形式的普通人，他的座右銘是：「如果我能了解，那誰都能了解。」

＊

堅持做你自己，絕不模仿。你可以隨時用畢生所培育、所累積下來的修養力量，在每一刻展現出本身的天賦，但若模仿他人，你只不過即興擁有一半而已。……事情加在你身上了，就去做，你也不可能寄望太高，或過於造次的。

——拉爾夫．沃爾多．愛默生《論自立》

Errett Smalley）等人，在氦氣流中以雷射光汽化蒸發石墨實驗中，首次製得由六十個碳組成的碳原子簇結構分子 C60，這是繼金剛石和石墨之後的第三種碳晶體形態。克羅托係受富勒的美國萬國博覽館網格穹頂的啟發，認為 C60 可能具有類似球體的結構，因此將其命名為富勒烯，又因其足球狀的空心對稱分子，也被稱為足球烯。為此，這三位科學家獲頒一九八六年度諾貝爾化學獎。

# 類比之山

「登山專家固然有可能，然而，最終是山來決定誰可以攀登它。」
——有人問珠穆瑪朗峰登山領隊：一位資深登山專家的攻頂機會是否較大？他如是說。

心外有山，心內也有山，山的存在召喚著我們去攀登，也許山所教我們的就是：你內心存在著一整座山，是心外之山，也是心內之山。有時候你找呀找，就是找不到那座山，直到有一天你終於有了充分的動機，準備要走出一條道路，於是先到山腳下，然後登頂。登山為生命探尋、求道歷程以及成長、轉化、理解之道的強力隱喻。一路上所遭逢的險峻困難，就是我們開展自己、擴充內心領域的挑戰。最後我們會發現生命本身就是山，就是老師，它給予我們一個從事內在努力的大好機會，最後生起力量和智慧，也生起對他人、對世界的理解和慈悲。一旦選擇走上這個旅程，就會經歷許多學習和成長。風險不少，犧牲巨大，結局永遠不定，最終，不只是為了登頂，攀登本身就是歷險壯舉。

首先我們了解站在山腳是怎麼回事，然後我們會遇到山坡，最終，也許到達山頂。然而你不可能停留在山頂，若不下山、不退兩步、回首眺望並從遠處重新看到剛才的整個旅程，攀登的旅程就不算完成。然而你已經見識過山頂風光，有了不同的眼界，可能就此改變了你看待事物的方式。

何內・兜馬勒（René Daumal）[1]的未完成小說《類比之山》（*Mount Analogue*）[2]令人激賞，因他刻劃出這種內心的歷險。有一處談及在類比之山上的規則，我至今仍記憶鮮明，他說：「你攀移至下一處更高的營地前，必須補足將要離開的營地的補給，以備下一位登山者之用，下山時必須跟其他登山者分享你在更高處的所見所識，讓他們受益於你的攀登所學。」

從某方面來說，這正是我們教導別人的方式：盡量告訴別人至今為止我們看到了些什麼。但這充其量也不過是期中報告、經驗地圖，不可能是絕對真理；奇遇還在眼前繼續展現哩！我們同在類比之山上，我們需要彼此的幫助。

1 譯註：何內・兜馬勒（1908-1944），法國的靈性超現實主義作家、評論家和詩人，作品中以去世後一九五二年出版的小說《類比之山》最為知名。

2 譯註：日文譯本名為《類推の山》。

## 相依相存與無常

我們似乎從小就很清楚，每一現象都與另一現象有某種關係；這件事發生的起因是那件事；或是這件事要發生，那件事得先發生。回想那些古老的童話故事，比方有關「狐狸尾巴」那一則：話說狐狸趁老婦人去撿柴取火一時沒留神，偷喝了大半桶牛奶，老婦人憤而割下狐狸尾巴。狐狸向她要回尾巴，她說如果狐狸把牛奶還來，她就替牠把尾巴縫回去。於是狐狸去農場向乳牛要牛奶，乳牛說如果狐狸給她一些青草，她就給牛奶。於是狐狸向田野要青草，田野說：「拿些水來。」於是狐狸向小溪要水，小溪說：「拿罐子來。」一直到磨坊主人出於善意和同情，給了些穀子，狐狸才得以向雞換雞蛋，向小販換麵包，向少女換罐子取水……最後，狐狸終於將尾巴縫了回去，歡天喜地走了。故事的寓意是：這件事必得發生，那件事才能發生，沒有哪一樁事可以無中生有，每一件事都有前因，甚至磨坊主人的慈悲也是打某處來的。

我們若深刻檢視任何過程，都會發現同樣的道理。沒有陽光，就沒有生命；沒有水，也沒有生命；沒有植物，就沒有葉綠素，沒有葉綠素，就沒有光合作用；沒有光合作用，就沒有氧氣供動物呼吸。沒有父母，就沒有你；沒有貨車，城市裡就沒有食物；沒有貨車製造廠，就沒有貨車；沒有鋼鐵工人，貨車製造廠就沒有鋼鐵；沒有採礦，鋼鐵工人就沒有鋼鐵；沒有食物，就沒有鋼鐵工人；沒有雨水，就沒有糧食；沒有陽光，也就沒有雨水。這個宇宙如果沒有形成星球的因緣條件，就沒有太陽，也沒有地球。這些條件並非永遠簡單明瞭、直線進行，萬事萬物都鑲嵌在一張複雜的網中，在其中精密平衡地相依相存。當然我們所謂的生命、健康、生物圈，都是複雜的相依相存系統，沒有絕對的起點和終點。

透過如此的檢視，我們便知道：若把事物或情況視為絕對孤立的存在，又對相依相存和遷流變化不具正念，是既無益又危險。每一現象都與另一現象有某種關係，同時蘊含著另一現象，也被另一現象所蘊含。一切都在變化當中。恆星誕生，經歷各個階段，然後死亡。行星也有其形成的節奏，最終毀滅。新車在還沒開出工廠前，便已走向廢車場的路。藉著這種覺知，我們更理解所謂無常的法則，而對於周遭的事物、情境或人際關係也較不會視為理所當然，因此更能欣賞生命、人群、食物、意見和每一時刻。如果我們更深入檢視，會察覺到我們所接觸的每一件事物、每一片刻，都將我們和整個世界連繫起來，而且這些事物和人物，地點和情況，都只是暫時存在，一切會生起並終將消逝。這樣，當下就變得更有趣了。事實上，當下就是一切。

正念入出息是絲線，穿連起我們的經驗、念頭、感受、情緒、認知、衝動、理解，甚至心識，串成的珠鍊是嶄新的事物——也不能說是事物，而是嶄新的看待方式、存在方式和體驗方式。結果是在世間產生嶄新的行為方式，而這種新方式連繫起本來看似個別孤立的現象。但其實沒有任何現象是孤立，這完全是因為我們原本錯看事物的方式，才造成事物看起來一直是各自孤立的。

這種嶄新看待事物和嶄新存在的方式，整合起生命的各個片斷並賦予它們一席之地，尊重每一刻的完整性，也尊重其所置身更廣大的完整性。正念修行是不斷發現相依相存的那條線，就某方面而言，說是我們用絲線貫穿還不夠正確，應該說我們覺知到關聯性、相互關係和流動性其實一直都存在。我們已攀爬到一個眺望的制高點，更能認識到萬事萬物的整體性，更能在覺知中觀照此刻的流動、入出息與此時此刻之間的流動交互滲透，珠子和絲線一起串成更大的視野。

*

一個生命和另一個生命不斷併合，一群生命和更大的生態群不斷融合，直到我們終能看到生命和所謂非生命交遇之時：藤壺[1]和岩石，岩石和土壤，土壤和樹木，樹木和雨水和空氣。……有趣的是，大部分所謂宗教性的感受，亦如大部分神祕吶喊這類我們最珍視、最常用、最渴欲的人類反應行為，其實就是理解並試圖表達：人類（按舊的表達方式，即人類個體）與萬物息息相關，與一切實相——無論已知的和不可知的——息息相關。說來簡單，但其深切的感受卻造就了一個耶穌、一個聖奧古斯丁（St. Augustine）、一個聖方濟（St. Francis）、一個培根（Roger Bacon）、一個達爾文、一個愛因斯坦，他們每一位都有自己的步調、自己的聲音，驚異地發現並再度肯定：一切是一，一是一切——浮游生物、海上閃閃發亮的磷光、旋轉的行星、不斷擴張的宇宙，所有都被時間這根包容萬有的線連結起來。

——約翰．史坦貝克與艾德華．李克茲《科爾特茲海》

（John Steinbeck and Edward F. Ricketts, *Sea of Cortez*）

1 譯註：藤壺（Balanus），俗稱「觸」、「馬牙」等，是一種附著於海邊巖石上的有著石灰質外殼的節肢動物，常形成密集的群落。外形與圓錐有點類似，附著在海邊巖石、龜甲、鯨魚、船舶、海底電纜等眾多位置和場所。由於硬質外殼的存在，在相當時間裡藤壺被當作一種貝類對待，直至二十世紀初期，藤壺的祕密才被挖掘出來。

# 非暴力

一位朋友在尼泊爾和印度生活了數年後，於一九七三年賦歸，他對我說：「如果我不能做出什麼有益的事，至少我希望盡量不做有害他人的事。」

我想，稍一不慎，各種有傳染力的事物就會從遠方帶回。當時在我住劍橋的客廳裡，當場被「非暴力」（ahimsa）[1]這個理念感染了，我一直忘不了那感覺發生的時刻。我曾聽說過非暴力。非暴力的心態是瑜伽和希波克拉提斯宣言（the Hippocratic Oath）[2]的心要，也是甘地非暴力革命與他個人禪修的根本原則；但我朋友保羅陳述的時候帶著一種誠懇，與我原來認識的保羅有些反差，讓我印象深刻。我想這樣的理念倒不失為面對世界和自己的好辦法，我為什麼不試著過一種盡可能不引起傷害和痛苦的生活？若我們依此而行，今日就不會有這麼多瘋狂的暴力主導著我們生活和思考，同時，無論在禪坐墊上還是日常生活，我們也會對自己更寬大為懷。

一如任何觀點，非暴力可能是個很不錯的原則，但關鍵在於實踐。你可以隨時開始對自己、

1 譯註：瑜伽八支戒律之一。

2 譯註：西方醫學鼻祖希波克拉提斯的誓詞，強調「不可傷人乃為醫師之天職」，是所有醫生都必須遵守的。

對生命中的其他人修習非暴力的溫柔。

你是否有時過於苛責自己，又貶低自己？在那個時刻，記得非暴力，覺察自己正在做的事，然後放下。

你會在人後講閒話嗎？記得非暴力！

你會不顧自己的身體和健康，把自己逼到極限嗎？記得非暴力！

你會引起別人的痛苦或悲傷嗎？記得非暴力！對你沒有威脅感的人，很容易用上非暴力，真正的試煉在於，面對讓你感覺威脅的人或情況，仍記得非暴力。

傷人的意願根本上是由恐懼而來，你需要直面自己的恐懼、理解恐懼，並做它的主人，才能非暴力。做恐懼的主人是為它負起責任，負責任是不讓它操控你的觀點或行動。只有對自己所執著的和所排斥的事物保持正念，無論這對決多麼痛苦，也願意與這些內心狀態格鬥，如此就能讓我們從受苦的輪迴中解放出來。反之，若不能用正式或非正式禪修來刻意培育非暴力，每日體現在生活中，那麼，再崇高的理念最終也只得臣服於狹隘的自我利益之下了。

*

非暴力是心靈的屬性，因此，每一個人都該在生活中的每一件事情中踐行非暴力。如果不能應用於一切時一切地，就沒有實用價值。

——聖雄甘地

＊

如果你不能愛英王喬治五世或邱吉爾爵士，那就從你妻子、丈夫或孩子開始。每天，每一分鐘，都將他們的福祉置於首要，自己的福祉敬陪末座，讓愛的領域從那裡開始擴張。只要你盡了最大努力，就無所謂失敗可言。

——聖雄甘地

# 業

我的韓國禪宗老師崇山行願禪師常常說：每日禪修會將惡業轉成善業，我一直以為這是椿離奇有趣的道德促銷。直到好幾年後，我才恍然大悟，也許這就是我的業吧。

業，即指那事發生是由於這事發生，乙事和甲事彼此具有某種關連，每一個後果都有一個前因，而且每一前因之後必有一個相稱的後果，成為這個因的展現和影響，至少在非量子的綜觀層面。一般來說，當我們提到一個人的業，是指這個人因為過去的因緣條件、行為、念頭、感受、感官印象和欲望，而產生的生命整體方向以及可能在他周圍發生的事。業往往被誤為宿命論，但它其實更像漸漸累積下來的習性，將我們鎖在特定的行為模式中，這些行為模式又進一步累積相似的習性，因此我們容易被業拘囚，並且以為原因總在他處——總是我們無法掌握的他人或事物，原因絕不會落到自己身上。然而我們並不一定要成為舊業的階下囚，業是可以改變的，你可以造新業，但只有一個時間能做這件事，你能猜到那是什麼時間嗎？

正念可以改變業：你在禪坐時，不會讓衝動化為行動，至少，在那一時刻，你只是觀察那衝動是否出現、何時出現。一旦你注視著它，很快會發現，所有心中的衝動都會生起又滅去，都有自己的生命歷程，它們並不是你，只不過是思考，你不必受制於它們。當你不再餵養那衝動或對之反應，你便馬上了解，它們的本質不過是念頭，只要維持規律的修習，你實際上可以看到，這個過程是以不斷增長的專注、無作為、清晰覺察、平等心之火，將毀滅性的衝動燃燒殆盡。同時，騷亂又具有毀滅性的衝動燒盡之後，不再排擠那些富有創意的觀照和創意的衝動，於是它們在覺知中被感知、被包容，而得到滋養，正念因而得以重新塑造因果的鏈結，這樣一來，我們的腳鐐手銬就解開了，重獲自由。儘管我們的條件反射、因緣條件——包括各種不公義——依然在引發痛苦，但我們已經可以從生命的片刻中，開啟新的方向和選擇。如果沒有扎根在正念中，把正念當作一種的可靠方式，並運用智慧去對待任何經驗——無論經驗是內在或外在，愉悅的、不愉悅的或中性的，我們很容易卡在感受的調性中（無論我們暫時認為那經驗是愉悅的、不愉悅的還是中性的）和前一刻造成的情緒動能中，完全不知道自己被禁錮、沒有出路，我們的困境似乎總是別人或這世界的錯，於是我們深受條件反射影響的觀點、感受和行動永遠有理，如此，此時此刻永遠不會成為新的開始，只因為我們不允許它成為新的開始。

要解釋這現象，可舉個例來說，我們常見兩個人成年後長時間生活在一起，一起生兒育女，在各自的領域中都取得相當的成就；步入晚年之際，本來應該悠然享受辛勤的果實，卻開始責怪起對方害自己一輩子痛苦不堪，感覺孤獨、陷於惡夢、被錯待、被虐待，每天都充滿憤怒和傷害，我們如何去解釋這種的現象？是業！無論是哪種現象，你一再看到各種人際關係急轉直下，或打從一開始就缺少了基本的理解，一旦缺少了這些，悲哀、苦楚和傷害就趁虛而入。遲早，種瓜得瓜，種豆得豆，種什麼因，收什麼果；在感情關係中，四十年來你不斷操練憤怒和孤獨，就等於被憤怒和孤獨禁錮了四十年，一點也不叫人驚訝，到了那個地步，責任歸咎於哪一方都難盡如人意，或者說，簡直不可能。

追根究柢，囚禁我們的就是失念，於是我們與豐富的可能性愈加失聯，愈加困在一輩子所培養的習慣裡——不看清楚，只會反應和責怪——因而動彈不得。

在監獄裡工作時，我得以近距離看到所謂「惡」業的後果，雖然獄牆外的世界也沒有兩樣。每一位受刑人都有一段故事，一樁引出另一樁；畢竟，這就是故事之所以為故事：一樁導出另一樁。很多人渾然不知自己究竟發生了什麼事，出了什麼問題，通常是一條長長的鎖鏈，可追溯至父母、家庭、街區文化、貧窮和暴力、信任不該信任的人、想賺快錢、想安慰自己的創傷、用酒精或其他迷亂身心的藥物麻痺感官。毒品會導致這樣的結果，若過去碰到司法的不公義、暴力、機會被剝奪、抱負受挫也一樣，它們會扭曲了念頭和感受、行動和價值，不留餘地讓自己去做調整，甚至去認識具傷害、殘酷、自毀毀人的衝動或渴望。

於是，在某一個時刻，以從前的時刻為前因，你還來不及弄清楚就「昏了頭、失了心」，採取了一個不可挽回的行動，然後承受到它以各式各樣的方式形塑你未來的每一刻。每件事都有後果，不管你知道與否，也不管是否被警察「逮捕」。但我們總是被逮到，被業給逮住，我們每天都在建造自己的監獄。我在監獄的朋友們，一方面做出了選擇，無論自知做了選擇與否，而在另一方面，他們並沒有選擇，或者說，他們也許有選擇，而他們從不知道自己有選擇，又如何作出選擇。從某種意義上來說，我們其實都被囚禁著——被我們自己的無知無覺及其經常帶來的嚴重後果所囚禁。

此處我們又遇上佛教徒所謂的「無所覺知」或無明了。因為有無明，未經檢驗的衝動，尤其是那些刷上貪欲和瞋怒色彩的衝動，無論多有理、多可辯解、在技術層面有多合法，終究會扭曲我們的內心和人生；這種內心狀態影響著我們所有人，雖然有時非常明顯，但多半是比較微細不顯。我們都很容易被永無止境的欲望所禁錮，被一己的想法和意見所障蔽，這些想法和意見原是自己的執著，卻奉為真理。

如果想改變我們的業，就必須不再造作使我們身心蒙塵、讓行動著色的業行，這並非指從事善行，而是認識自己是誰，知道無論此刻的業是什麼，你並不等同你的業；這意謂與事物本然面目站在同一邊，看得一清二楚，並呼應當下真正需要做的事，超越自己嚴苛又難以察覺的習性。這意謂清晰看見，是一種完全不一樣的覺察——覺察到事物的如實面目。

該從哪裡著手呢？何不就從自己的心下手？畢竟，念頭和感受、衝動和認知、信仰和假設本由心生，然後轉譯為世間行為。一旦你有一段時間暫停外在的活動，練習靜止，就在此處，就在此時，決心在正式禪修中靜坐一段時間，無論如何保持在那個位置上（那一刻，那位置就是你體驗到的**此地**），你便已掙脫滾滾舊業之流，願意在「無作為」和「未知」中創造出全新的、更健康的業力。這就是改變人生方向的根源，一個充分活出人生潛在轉捩點。該怎麼做呢？

正因為你能停下來、滋養了無作為的時刻、僅只是觀察、關注、讓憤怒或衝動或焦躁的心因缺乏餵養而平息，那麼你就擁有完全不同的立足點來面對未來。為什麼呢？因為只有此時此刻全然與自己同在，面對未來的彼時彼刻才能站在完全不同的立場上，擁有更廣大的理解、清明和慈心，少受恐懼和創傷、憤怒和怨恨的支配，可尊嚴並睿智地接納事物的如實面目。惟發生於當下之事，未來才有可能再發生。若此刻沒有正念、平等心或慈悲，無法在我們唯一擁有的時刻邀請它們前來，用它們的能量滋養我們，又如何期待未來在壓力和困境之下，正念、平等心或慈悲會神奇地出現呢？

＊

若以為只因身軀腐朽——
靈魂便得以進入狂喜境界，
那純屬幻想。
當下如何，屆時就會如何。

——喀比爾

# 整體性與一體性

當我們覺得自己是完整的（whole），便會感覺與萬事萬物渾然一體（one）——緊密地、本然地、不可分割地與整個宇宙相連。當我們感覺與萬事萬物渾然一體，便感到自己的完整性，就像置身此時此刻那樣完整無缺。

在**任何**時刻，靜坐或靜臥時，我們都可以重新連繫上身體，然後超越身體，與入出息、空氣和天空、地球、萬事萬物合而為一。我們體驗到自身是一個整體，同時又融入一個更廣大的整體之中。就算淺嚐或短暫一瞥相依相存，也會親身體驗深刻的歸屬感，並感到自身是一切事物親密的一部分，無論置身何處都泰然自若。我們可體驗並讚嘆超越個人生死的亙古無窮，也能在短暫生命的流逝中，體驗到我們與此一身軀、此一時刻、人我連繫都短暫無常。

若在禪修中直接體驗到我們的整體性（wholeness）和一體性（oneness），以及兩者的相依相存，我們就開始認識事物的本來面目，並與之取得和諧；我們已經了解，接納並不意謂：在改變需要改變的事情上，完全消極地妥協，而是在我們力所能及的範圍內去回應召喚。久而久之，我們的智慧和慈悲會逐漸加深，也許還會伴隨一種承諾，去療癒並轉化世間不必要的痛苦根源，無論是大是小，這取決於你自己的業力傾向，以及你能珍愛、能尊敬多少而定。

整體，就是我們的語言和文化中的「健康」、「療癒」和「神聖」等字義的淵源。一旦我們認識到自己本然的整體性，就無處該去，無事該做，因此，我們得以無拘無束為自己選擇一條道路，在「作為」和「無作為」中都能覓得整體性。寂靜無時無刻不在我們之內，當我們觸知、品嚐、聆聽寂靜時，身體也不可能不同時觸知、品嚐、聆聽到寂靜了。這樣一來，也就放下了一切執著。心自然也聆聽了、體驗到了片刻的寧靜。我們一旦開放而接納，當下便有平衡與和諧。所有無盡的空間都融入此處，所有無盡的時間都融入此時。

*

凡人不喜孤獨，
但聖人善用之，
擁抱獨處，悟到
他與宇宙合為一體[1]

——老子《道德經》

*

1 譯註：老子《道德經》四十二章：「人之所惡，唯孤寡不谷，而王公以為稱。」本書所引用之譯文與原文略有出入。

當他們體認到與宇宙一體的時刻，
內心的和平便自人類的靈魂深處生起。

——蘇族長老黑麋鹿（Black Elk）

＊

悉達多（Siddhartha）[2]傾聽著，他現在心無旁騖地聽，完全專注、空寂，納入一切。他感覺到自己現在完全學會了聆聽的藝術。他以前常聽到這一切，河流裡的各種聲音，但今天聽起來不同，他不再能夠分辨不同的聲音——歡樂的聲音和悲泣的聲音，孩子的聲音和男子的聲音，它們都彼此相屬：渴望者的哀嘆、智者的笑聲、憤怒者的吶喊、垂死者的呻吟。它們都千絲萬縷地編織、組合、纏繞，而且所有的聲音、所有的目標、所有的快樂、所有的善惡，一切總和起來，就是這世界；一切總和起來，就是事件的長河；一切總和起來，就是生命之歌。當悉達多專注地傾聽河流，聽千萬種聲音的歌；當他不再去聽憂傷或歡笑、不再將他的心和某一特定的聲音綑綁起來、不再將這個聲音吸納入自我，反而去諦聽一切、

2 譯註：悉達多原是釋迦牟尼佛的名字，赫曼．赫塞在《流浪者之歌》中，藉佛陀的名字描寫主角悉達多追求真理的過程。悉達多遇到了佛陀，覺得佛陀的道理很好，但並沒有參加佛陀的教團，也沒有執著教派，他繼續走自己的路子，最後在他家鄉的一條河流，划船渡人，過著簡單的解脫生活。

整體性和統一，於是千聲之歌只凝聚成了一個字。

——赫曼．赫塞《流浪者之歌》（Hermann Hesse, *Siddhartha*）

＊

我們需要重新學習、觀察，並且自行發現整體性的意義。

——大衛．波姆《整體性與隱纏序》（David Bohm, *Wholeness and the Implicate Order*）

＊

我廣闊無邊；我容納萬象。

——惠特曼《草葉集》

# 個別性與如是性

我們縱使第一手經驗到「整體性」，也無法盡知一切，因為整體中的多樣性無限展開，整體映現並鑲嵌在每一特定的個體中，猶如印度教神祇因陀羅的網（Indra's net）[1]，象徵著相依相存的宇宙。所有結點都有一顆寶石，每顆寶石的每一切面都映射出整個網，也就寓含了整體。有人會叫我們一致地膜拜象徵著「如一」（oneness）的聖壇，運用統一（unity）的**理念**為壓路機，輾平一切差異之處，這正是宣傳的功能——故意推廣謊言和半真半假的說辭，實則是一種支配、欺瞞、征服和死亡的方式。解藥是認識這個**和**那個事物的獨特本質、個別性、個體特質、屬性和優點——換句話說，就是他們的個別性（eachness）與如是性（suchness），也正是所有的詩歌和藝術、科學和生命、驚奇和敬畏、倫理和公平、優雅和豐美的棲息之處。

所有面孔都彼此相似，但每一個人的獨特性、個別性和特質又多容易一眼就看出來，我們多麼珍視這些差異！海洋是一不可分割的整體，但它有無數波浪，每一波浪都跟其他波浪不同；它

1 譯註：因陀羅（Indra），別名是zakra，意為「最勝、無上」，意譯為「主」或「帝」，亦稱「帝釋天」，為印度教吠陀經籍所載眾神之首。因陀羅網是帝釋天殿上寶網。此網懸眾珠所成，珠珠互映，影現重重。一珠現一珠，一珠現千珠，千珠現一珠，千珠現千珠。如是影復現影，重重無盡，以示世界萬物是一種互相含攝，互相滲透的關係。佛法中《梵網經》、《華嚴經》等都提到「因陀羅網」之喻。

有洋流，每一股洋流都獨一無二，不斷變化；海底自有地貌，但每一處都不同，海岸線也處處相異。大氣層亦為整體，但它的氣流各有特色，雖說它們不過就是風。地球上的生命也是整體，但無論是微小難見的或肉眼能見的，植物或動物，滅絕的或存活的，都示現出各有其生命周期的軀體。因此，不可能只有一處得天獨厚的**地方**可待，也不可能只有一種存在**方式**、一種修行方式、一種學習方式、一種愛的方式、一種成長和療癒的方式、一種生活的方式、一種感受的方式、一種我們要去了解和應該被了解的事物。個別性才重要。這在說你呢，你也很重要！

*

**山雀**
山雀
跳近我。

——梭羅

*

拔萊菔[2]的人

2 譯註：萊菔是蘿蔔的別名。《本草綱目》卷二十六：「釋名：蘆葩、蘿蔔。……古謂之蘆葩，中古轉為

用萊菔
指路。

——小林一茶

*

寂寞古池，
躍青蛙——
水有聲。

——松尾芭蕉

*

午夜。無波，
無風，空舟
滿月光

——道元禪師

明白了嗎？

---

萊菔，後世訛為蘿蔔。氣味：根辛甘，葉辛苦。溫，無毒。」

# 這是什麼？

若要在生活中保持正念，探詢的精神絕不可少。探詢並不只為解決問題，它還能確保你體驗到生命存在和我們為何在此的基本奧祕：我是誰？我要往哪裡去？存在意味著什麼？身為一個……意味什麼？你自己填空：男人、女人、非二元性別者、跨性別者；孩子、父母、學生、工人、老板、受刑人、居無定所之人？

繼續不斷追問：我的業是什麼？我現在身在何處？我的道路是什麼？我在這個星球上的使命是什麼？

探詢並非找尋答案，尤其不是找尋淺層思考下的立即答案；探索提出疑問，卻不期待解答，只是仔細思惟問題，帶著一份好奇，把問題放入覺知中醃製、滲透、冒泡、烹煮、熟透，再撈出來，如同我們讓其他一切事物都從覺知中出入一番。探詢是深度傾聽：傾聽自己、傾聽他人、傾聽世界。

你不必靜止下來展開探詢，探詢和正念可以同時並存於日常生活中，事實上探詢和正念是同一回事，只是由不同方向而來。你可以在修車、走路上班、洗碗盤、星光閃爍的春夜裡聽女兒唱歌、上網找工作等等的時候思量：「我是誰？」「『當下』是什麼？」「我要往哪裡去？」或「我的使命是什麼？」

生命中各式各樣的問題一直層出不窮，從芝麻綠豆到影響深遠，甚至到無法招架，我們真正的挑戰，是用探詢和正念的真精神來面對它們，也就是問自己：「這個念頭、感受、困境究竟是什麼？」「我要怎樣處理？」甚至於「我願意去處理它或甚至去承認它的存在嗎？」

第一步是，承認我真的有點問題了，感到某種緊繃，或有些不對勁了，有時可能需要四、五十年的時間，才能承認自己身上背著巨大心魔，但也無所謂，因為探詢沒有時間表，它像一口鍋擺在架上，只要你想把它拿下來，擺進食材，放在爐上加熱的話，它隨時可以烹煮。不過，如果從成長成為自己的角度來看，一旦「隨時」變成「當下」時，是一件非常美好的事情。

探索是一而再、再而三的提問，無論是哪一事物，我們有沒有勇氣去注視它？然後去探詢這是什麼？發生了什麼？必須長時間的深入觀照，一問再問，這是什麼？哪裡出了錯？問題的根源在哪裡？證據在哪裡？因果關係在哪裡？理想的解決方案是什麼？一問再問，不斷地問。傾聽，傾聽，傾聽——傾聽自己、他人和世界。

探究並不是去想出答案，儘管探究會產生很多看似答案的念頭，其實它只是傾聽你的問題所引發的種種思考，就像你坐在念頭的河畔，傾聽流水穿越石頭，聽而復聽，看著水面偶而漂過一片葉子、一根枝條或水面泛起的泡沫。

# 造「我」運動

一個人真正的價值，主要取決於他多能從自我執著中解脫出來。

——愛因斯坦《我所見的世界》（*The World As I See It*）

「我」和「我的」是思考的產物。我的老友兼法友，劍橋觀禪中心（Cambridge Insight Meditation Center）的創辦人賴利．羅森堡（Larry Rosenberg）稱之為「造我運動」（selfing），這是我們的一種習性，總免不了根深柢固地從任何事物和任何情況之中，建構起「我」和「我的」，然後出於幻想和防衛，從狹隘的觀點來面對這個世間。這種運作簡直無時不在，然而它已化為我們的天地中複雜結構的一部分，往往不易察覺，有如格言中的魚，因時時身在水中而不識水。這種現象隨處可見，無論你在靜默中禪修，或在生活中任意擷取五分鐘，任一時刻，每一經驗，我們思考的心都構築著「我的」時刻、「我的」經驗、「我的」孩子、「我的」饑餓、「我的」渴望、「我的」意見、「我的」方式、「我的」權威、「我的」未來、「我的」知識、「我的」身體、「我的」心、「我的」房子、「我的」土地、「我的」想法、「我的」感受、「我的」車、「我的」問題。

如果你持續專注並探究「造我」的過程，你會看到我們所謂的「自我」（the self），其實只是構築出來的，也就是內心編造的產物，也不是永久不變的現象。如果你想深入「你的」體驗之下，找尋一個穩定不變且無法再進一步分割的核心「自我」，那麼，除了更多思考之外，你什麼也找不到。你可以說你就是你的名字，但這也不太精確，你的名字只是標籤，你的年齡、性別、意見等等也一樣，沒有一項跟「你是誰」真正有關。

當你一路盡可能深入探究「你是誰」或「你是什麼」的線索，你幾乎註定無法找到堅實的落腳點來安放自己，如果你問：「這位正在問我是誰的『我』是誰？」你最終只能承認「我不知道」。這個建構出來的「我」，是因為它的特性才為人所識，然而無論將它任何一個屬性或它所有屬性合在一起看，怎麼也難以組成你這整個人。再者，這個建構起來的我，有一個慣性：幾乎每一刻都在不斷消逝和重新建構；它還有一個習性，就是感到卑微、渺小、不安全和不確定，因為它的存在一開始就缺乏事實基礎。由於我們對自己不得已而身陷第一人稱代名詞「我」和「我的」習焉不察，這種無知無覺只怕使得「我」的專橫和「我的」受苦更加嚴重。

還有外來力量的問題。當外在情況支持這位「我」，「我」會感覺良好；要是碰上批評、困難，或自認遇有障礙和潰敗時，「我」的感覺便很糟，這也許就是很多人憂鬱和自尊低落的主要原因。我們並未覺察自己在建構身分認同的過程中，我們需要受到肯定或感覺重要，一旦落空時，我們便失去平衡、陷入思考洪流、覺得脆弱善感且微不足道。我們不斷經由外來的獎勵、物質財富、地位和愛我們的人來找尋內在穩定，如此一來，我們便持續不斷的建構自我，然而，儘管如此頻繁地製造出自我，我們在生命中還是無法獲致永續的穩定，內心也缺乏永續的平靜。佛教徒會說，首先，根本就沒有絕對獨立存在的「自我」，只有不斷構築自我的敘事，換句話說，就是「造我」的過程。如果我們認識到自己根深柢固「造我」的慣性，並准自己一天假，不再那麼努力「做怎樣的人」（somebody），僅僅單純的體驗生命存在本身，或許我們會更快樂、更放鬆。

順帶一提，我們並不是說「你必須先成為什麼樣的人（somebody），才能變成什麼都不是的人（nobody）」，這是新時代對禪修最大的扭曲，他們的意思是你必須先有鮮明的自我意識，才能探索這第一人稱代名詞的空性；提到「無我」，其實並不是要你做「什麼都不是的人」，它的真義在於萬事萬物都是相依相存，並沒有孤立的、獨存的核心「你」，你只是與世間其他力量和事件的相關存在——包括你的祖先，包括已知和未知的、你的父母、你的童年、構成你身體的數以億計細胞的分子和細胞層次、你的念頭和感受，外在事件、時間等等；再者，無論如何，你已經「是什麼樣的人」了，你是你已經成為的那個人，只是「你是誰」並不等於你的名字、你的年齡、你的童年、你的信仰、你的恐懼，它們都只是你的一部分，而不是全部。它們是其中的一部分，但並非全部。只有你願意讓它們定義你，它們才能定義你。你不是你的敘事。你不是你講自己故事中的你，無論是什麼。你比這樣的敘事，或任何敘事都要大得多。

所以，我們前面提到不再努力「做什麼樣的人」，而只是直接體驗這一刻的生命，意即你從你所在之處出發，從這裡著手處理。禪修不會消除你的人格，使你成為「什麼都不是的人」，或者變成沒有能力在現實世界生活並面對現實問題的靜觀殭屍；禪修是如實看待事情，不再為自己思考過程所扭曲；其中很重要的一部分是，必須了知萬事萬物相依相存的道理。雖然在世俗意義（conventional sense）中，「擁有」（having）一個自我的觀念在許多方面具有實際功用，但我們必須知道它不是絕對真實、實在或永存的。所以，如果你不再因為害怕「自己」不如「實際的自己」，而努力使「自己」超越「實際的自己」，那麼無論你實際是什麼樣子，都會讓你更輕鬆愉快——也更容易相處。

我們不必覺得一切都是針對自己而來。若從這一點入手，那麼事情發生時，就當做好玩吧，試著拿掉自我來看待事情，也許它只是發生了，也許它並不是衝著你來的，這時看著你的心念，有沒有「我」這「我」那進來攪局？問自己：「我是誰？」或「這個宣稱所有權的『我』是什麼？」

覺知本身有助於抵銷「造我運動」並減輕其衝擊，還要注意，我們所謂的「自我」是無常的，你想抓住自己什麼，其實都是自己誆騙自己；自我是抓不住的，因為它一直變動，衰敗，又重新組構，視每一時刻的不同情況而稍有不同，這使「自我」成為混沌理論（chaos theory）中的「奇異吸子」（strange attractor）[1]，也就是一種具有特定動態形態和秩序的模式，同

1 譯註：奇異吸子是指系統有一個或多個潛藏的規準或原則，當其發展累積能量足夠的時候，會主導系統的演變。雖然千變萬化，但在某特定範疇內，它仍具有穩定的性質，是可以被預測的，可視為影響系統運作的重要因素。這是混沌理論的另一個重要概念。

時卻不斷變化，並以不可預知的方式表現出混亂。而且，從不完全重覆。每次觀察時，都會稍有不同。

我們以為自我蘊含有具體、永存、不變的本質，其實都是虛妄的念頭，能看到這一點，事情就有了轉機，這意謂你不再死心塌地把自己看得那麼重要，並從壓力中解脫出來，不再將自我生命的種種細節看成宇宙運作的中心。一旦我們認識到「造我」的衝動，以及所喚起的自我中心敘事——也就是認識到這些衝動的本質是空寂的，而且客觀公正，跟個人無關——我們便跟宇宙取得和諧，給事情多留些餘地。同時也給自己每一刻多一些自由度。然而，既然我們能緊密地融入宇宙，又與它一同示現，問題在於：我們在面對過多的自我中心、自我耽溺、自我批判、自我不安全感、自我焦慮之際，宇宙會順應這樣的趨勢，我們就打造出一幅自我導向思考的夢幻世界，看起來、感覺都十分真實；如果任何時刻我們都能看清它的如實面目，那麼，我們自我編織出來的魅影就會立即崩解，像手指觸到肥皂泡泡一般，瞬間破滅。

# 回顧憤怒

幾十年前，一個星期日一大早，我送女兒去朋友家，跨出車子時，察覺到她十一歲的臉龐流露出極度的絕望和無言的乞憐，那希望我不要生氣的表情，依然鮮明地刻在我記憶裡。那時我的覺知還沒能強過惱怒和憤慨，她看出來了，極擔心我會失態，令她出糗。當時，我感到情緒力量過於強大而煞不了車，雖然後來我真希望我那時候停下來了，多希望當時她臉上的表情讓我停下來，觸動我，讓我轉而去看真正的重點——也就是應該讓她感覺我靠得住、信得過，讓她不必害怕我會讓她在朋友前丟了面子，傷了她正在萌芽的社交敏感度。然而，當時她朋友應該在約好的時間準備妥當出門，卻沒有如約，我覺得被她朋友擺了一道，因而太心煩意亂，以致無法靜下心來體諒我女兒的社交尷尬問題。

我覺得自己是有理的一方，一時身陷憤怒漩渦，我的「自我」不願被迫再繼續傻等，被白占便宜，我再度向她保證不會失態，使場面難堪，但我也立即表明我感覺被利用了。我一早起來，沒好氣地叩門問她睡眼惺忪的媽媽，然後氣著等，後來發覺其實也不過等了一段很短的時間——這是我心中另一種毫無根據而且完全多餘的敘事。

後來雖然沒事了，我的記憶卻還刻著女兒臉上的表情，揮之不去。我希望這份記憶永遠駐留。我不夠敏銳，沒能及時讀懂她那表情，無法全然與她同在。如果我能讀懂，憤怒在當時及當場就會煙消雲散。

我們若執著於「我對」的狹窄觀點及其背後的「造我」，往往會付出沉重代價。我一時的情緒狀態比起她對我的信任，簡直微不足道，可惜她的信任還是被我踐踏了。若缺了關懷和覺知，小家子氣的感受狀態便足以左右那個時刻；這種事俯拾皆是，我們經常造成他人的痛苦——往往是最愛的人，也給自己造成痛苦，毫無必要，而且痛苦還揮之不去。儘管我們難以承認，尤其是我們自己，常有衝動想要捍衛自己毫無根據、不加檢視的不安全感，於是怒火中燒，且我們太常耽溺於這股怒火中，不加任何抗拒。

# 貓食教訓

我們家已經幾十年沒有養貓了，但我把這個例子當做一個典型，來說明我們是多麼容易執著於以「某種特定方式」做事——也就是「我的方式」——而認識到「我的方式」並非唯一做事的方式，是多麼珍貴難得。人們對同一件事的看法完全不同，無論是廚房水槽內的乾坤，洗碗機放碗碟的方式，還是處理某項任務或面對某種情境的方式。

我很討厭在廚房水槽裡看到發硬結塊的貓咪食具跟我們的碗碟混在一起，我不太確定這如何變成我的罩門，但確實如此。也許是由於我的成長過程中沒養過寵物，也許是我認為這有害公共健康（你知道啦，像是病毒之類）。在我決定清理貓食碗前，我總是先把水槽中家人的餐具洗了，然後再洗牠們的。總之，我不喜歡看到水槽裡有髒兮兮的貓食碗，一看到就要氣得跳起來。

我總先是生氣，然後這股氣開始指向我認為的罪魁禍首，通常是我太太麥菈（Myla）。我覺得受了傷，因為她不尊重我的感受，我告訴過她無數次我不喜歡這樣，會令我作嘔，我盡可能禮貌地請她別再這樣，她依然我行我素，覺得我很無聊，有點強迫性行為似的。她一趕時間，就將髒貓咪食具泡在水槽裡。

每當我發現貓食碗又在水槽裡，便很快逐步升級成一場憤怒的口角，主要是因為我感到「我」生氣、「我」受傷，而且這都是理所當然，因為我知道「我」是對的，貓食碗絕對不該出現在水槽裡！但只要一出現，我的「造我運動」力量是頗為強大的。

久而久之，我發現自己不再那麼離譜了，倒不是我特意去改變處理這個情況的對策，我對貓食的感覺依然如故，但不知為什麼，我對整件事換了不同的看法，懷有了更多覺知和幽默感。現在，一旦這事發生——還是常常發生，惹惱我——我發現自己能覺知當下的反應，我注視它，提醒自己：「當下即是！」

每當怒從心生，我細細觀察它，結果發現憤怒之前有種輕微的反感，接著有一種強烈遭到背叛的感受翻攪上來，家裡竟有人不尊重我的請求！我十分在意！畢竟，在家裡，我的感受應該很重要，對不對？

於是我學到站在廚房水槽邊，拿我的反應來做實驗：緊盯著貓食碗，而不採取行動。我可以報告讀者，一開始的反感其實沒有想像中那麼糟，如果我繼續和那反感同在，與它一起入出息，只是感覺著它，一兩秒它就消失不見了。我也注意到，其實是我遭到背叛、我的期望未被尊重的感覺，比貓食本身更叫我生氣，於是我發現根本不是貓食惹我生氣，而是沒人傾聽我，沒人尊重我，跟貓食根本是兩碼事，啊哈！懂了。

後來我想到太太和小孩看待這件事的觀點完全不同，他們認為我無中生有、小題大作，如果他們覺得我的願望合情合理，一定盡量尊重我；如果不然，他們就自顧自這樣做了，我的感受甚至完全不在考慮之列。

所以我不再覺得這是針對我個人了，如果我不想看見水槽裡有貓食碗，當時就捲起袖子，把它清洗了。不然，我就任其留在那裡，走開就是了，我們不再為此吵架。事實上，如果我在水槽裡看到討人厭的東西，我已經可以微笑了，畢竟它教我了許多。

**請試一試**

在特別惹惱你、使你憤怒或自以為是的情況下，觀察自己的反應。去注意一下，是否只要提到「使」你生氣的事物，你其實把自己的主動權和力量交給了他人。你真的想這樣嗎？這種情況正是修習正念的大好機會，因為你可把正念當作一只鍋子，將所有感受放進去，僅僅與它們同在，讓它們細火慢燉，任由它們慢慢「煮熟」，甚至「沸騰」，提醒自己不必馬上行動，僅用正念的鍋盛著它們，讓它們燉得更熟爛，更易代謝，更易消化，整合到更深的理解，理解到只要放進正念的鍋燉煮，或者換一種說法，以覺知接納。

去觀察一下，你的感受是否只是你內心觀點的產物，或許這個觀點並不夠——其實不可能——全面。你能否允許那些迅即觸發你失念和「我對」和反應情緒的狀態，暫時就那樣存在，僅僅將它盛裝在覺察中，卻不判它對錯？你是否有足夠的耐心和勇氣，把更強烈的情緒放進這口「鍋」中，放它一段時間，僅僅讓它「煮著」，而非向外投射、強迫世界必須跟你在某個緊縮時刻所希望的一樣運行，你能否有足夠的耐心和勇氣這麼做？你能否看到，這種簡單卻不容易的練習會讓你對自己有個嶄新的看法，能夠從老舊、耗損、局限的觀點解放自己，又解放自己怪癖的、自我中心的執著，不再忽視或疏遠那些持不同看法和感受的人？

# 為人父母即修行

我二十幾歲開始禪修，那時我的時間安排相對靈活，可以經常參加十日或兩週的禪修閉關，這些閉關的設計，是讓禪修者每日從早到晚只從事正念的坐禪和行禪，其間送來幾頓美味的素食餐點，一切在靜默止語中進行。我們專心一意開發內心的正念，由修行高深的禪師指導，禪師每晚為我們作激勵人心的開示，以使我們的修習更深入、更寬廣，他還不時與我們一對一的小參（interviews），以了解我們的進展。

我很喜歡這種閉關，它讓我先擱置生命中其他的事，住在愉悅而寧靜的鄉間，被照顧得妥妥貼貼，過著簡單又富於禪思的生活，唯一要做的就是修習，修習，再修習。

請注意，禪修並不那麼容易，坐那麼多小時，身體是會痛的，更別提一旦身心較為靜止、不再忙不過來的時候，痛苦情緒便一一浮現出來，更難以承受。

妻子和我決定要孩子的時候，我知道自己必須放棄閉關了，即使不是永遠，至少也是一段時間。我告訴自己，等孩子長大，不再每分每秒都需要我了，我隨時可以回到禪修的環境，當中自然有些浪漫的幻想，以為老來可以過出家生活。雖然我珍視禪修，然而當時放棄禪修或大幅減少禪修的時數，並未造成很大的困擾，因為我決定把養育孩子看得像閉關一樣——它某些重要的特質與我所放棄的禪修是大同小異的，只是少了些安靜、單純。

我當時是這麼想的：你可以將每一個小寶寶都視為佛陀或禪師，或是你私人的正念老師，空降到你的生命中；他的生命和行動絕對會撞擊到你的罩門，挑戰你的信念和局限，不斷給你機會看到你所執著之處，並讓你放下。每一個孩子至少是十八年的閉關，你不可能因為表現良好而獲得假釋，閉關的時程一直持續，而且需要不斷付出無私和慈心。在那之前，我的生命基本上都只在追求我個人的需要和願望，這對一個單身的年輕人是很正常的，但此一情況即將會深遠地改變了。為人父母顯然是我成年生活迄今最大的轉變，需要有生以來最清明的觀點、最深刻的放下，一切順其自然，我方能稱職。

首先，小寶寶需要經常的照料，必須依照他們的時間表來滿足他們的需要，而不是你的時間表，並且是每一天，不只是你有心情的時候。更重要的是，嬰兒和兒童需要你這個人完全與他們同在，才能茁壯成長；他們需要被抱著，越多越好；需要一道散步、唱歌給他們聽，搖他們入睡，一同遊戲，安撫他們；有時一大早或深夜，當你精疲力盡，只想睡覺，或在其他地方尚有急事待你完成，你還得照顧他們。孩子的需求既深切又不斷變化，這都是父母的大好機會，可以全然與他們同在，而非墮入自動駕駛模式；可以有自覺地面對他們，而非機械化；也可以去感覺每一個孩子的生命，讓他的活力、生命力和純淨，喚起我們的活力、生命力和純淨。我相信，如果讓孩子和家人成為我的老師，時時記著仔細去認識、去傾聽生活中來得又快又猛的教訓，父母會有不少加深正念的絕佳機會。

為人父母正如長期閉關，有容易的時候，也有困難的時候；有美妙的時候，也有痛苦不堪的時候。我將為人父母的工作視同禪修閉關，尊重孩子和家庭狀況如同尊重我的老師，此一原則一再顯示了無比的重要和價值。為人父母是高壓的工作，在最初的幾年，感覺好似十人份的全職工作，通常卻只有兩個人、甚至一個人全數包辦，而且小寶寶來臨時，也沒附上操作手冊指導你如何進行，這是世界上最難做好的事，而且大部分時間你並不知道自己做得好不好，甚至不清楚什麼叫做得好，我們大多數人根本未曾經歷為人父母的準備或訓練，只有待事情一路發展，每一時每一刻給自己在職訓練。

一開始我們就幾乎沒有機會得到喘息。這份工作需要你持續投入；孩子一面在認識世界或他們自己，一面不斷試探你的極限。更有甚者，當他們一路成長發展、不斷改變，你才剛弄清楚如何處理某一情況，他們就變了樣，長成你從未見過的樣子，你必須始終保持正念和當下的覺知，與他們同在，才不會停留在事過境遷、不再適用的觀點。當然，我們沒有現成的答案，也沒有一道簡單的公式，教你在為人父母的世界中怎樣把事情做「對」，這就是說，你免不了無時無刻遇見充滿創意和挑戰的處境，同時，也必須面對大量重複性工作，而且是一而再，再而三，周而復始。

待孩子稍長，發展出他們自己的想法和強烈的意志，這份工作就更加困難了。在小寶寶學會講話以前和最逗人喜愛的時期是一回事，看顧他們的需要還比較簡單；然而跟較長的孩子發生意志衝突的時候，看清楚他們的需要，並能回應得恰到好處，且具有一定的智慧和平衡（你畢竟是成人），這又是另一回事了。他們不會一直都那麼可愛、惹人憐愛，他們會跟你爭辯得沒完沒了，毫不留情地取笑彼此、吵架、叛逆、不聽話，碰到待人接物的時候需要你的指導和智慧，卻又充耳不聞；總之，你對孩子的需求必須有持續的情感關注，他們需要你經常付出能量。有時你覺得你幾乎沒有自己的時間了，你越來越容易失去平等心和清明，而且發現自己不斷「失控」，你或他們都無可遁逃，無可躲藏，沒有什麼偽裝可幫到你和孩子。你的孩子會從內部並近距離地看到一切：你的弱點、你的怪癖、你的瑕疵、你的缺點、你的矛盾、你的失敗。

為人父母或修習正念時，你若不把這些試煉視為障礙，而且試煉本身就是修行，那麼你的父母生涯可能變成一個既冗長又不開心的重擔，因為你缺乏力量和清楚的目的，這會讓你忘記尊重兒女和自己內心的良善，甚至視而不見。

孩子在童年時期，很容易因為需求得不到適當的尊重，內心的美麗得不到認可，而受到創傷和壓抑。創傷會讓他們自己和家庭產生更多問題，例如：自信和自尊的問題、溝通和能力的問題，以及一些未必隨著孩子長大自動消失，反而益發嚴重的問題。我們做父母的可能察覺不出這種壓抑和受傷的跡象，然後採取行動來療癒它，因為那可能是我們一手造成的，或由於我們無知，也就是缺乏覺知、沒有意識到表層行為之下的情況所導致；同時，那些跡象可能很微細，或很容易否認或賴到其他原因上，因此我們內心就以為不必擔負那些應負的責任了。

很顯然的，父母除了向外付出能量之外，偶而也要吸收一些能量進來滋養並恢復活力，不然這個一味付出的過程不可能持久。這種能量從何而來呢？我只想得出兩個可能來源：一是來自伴侶、其他家人、朋友、褓姆、社區等等外在的支援，或者至少偶而從事你一向愛好的事；另外還有來自內在的支援，當然可以選擇許多不同的形式，但在這本書的語境之下，一個重要的來源應該是正式禪修。如果你可以留一些些時間讓自己靜止，單單存在、僅僅坐著，做一點瑜伽，用你理應被滋養的方式來滋養自己。

我利用一大早禪坐，因為我喜歡在外部世界開始喧囂之前的那份寧靜。當我還是一個年輕的父親，這個習慣非常有助益，因為家裡沒有別的時間是安靜的，也總有人需要我的關注。同時也因為有工作和其他的事情在身，若不在清晨花時間正式禪修的話，之後會因為太疲憊或太忙，就再也沒法禪坐了。當然，我發現清早禪坐還有一個額外的好處：能為這一天設定出一個強力的基調，這提醒我、也再度向我肯定什麼是人生至要，同時也讓正念有機會自然流溢在這一天各個層面中。

但我們屋子裡有了小寶寶之後，甚至連清晨也被占據了，你不可能太執著於任何事，因為你準備去做的事，就算再精心安排，往往也得中斷或被干擾。我們的寶寶睡得很少，他們好像經常晚睡早起，特別是在我禪修的時候，他們好似感應到我起床了，於是也醒了，有時候我不得不把時間推早到清晨四點，才能將禪坐和瑜伽的早課包括在一天的生活中。有時候我實在累到不在乎了，想著也許睡場好覺更重要；有時候我乾脆在禪坐時將小寶寶抱坐在腿上，讓他們來決定我坐多久；他們很喜歡裹在禪修的蓋毯中，只露出小頭，常常可以安靜頗長的一段時間，那時，在覺知中繫念的，不只是我的入出息，而是我們兩人的入出息。

我那時深信不疑，且至今依然如此：我若對身體和入出息有所覺知，也對他們抱坐在我腿上的那種親密接觸有所覺知，小寶寶便感覺到平靜，能夠探索寂靜，並感到被接納。他們內心沒有填入大人的種種念頭和憂慮，因此他們內心的放鬆比我還更鬆、更純淨，這可以幫助我更寧靜、更放鬆，更加與自己、他人同在。當他們進入幼兒期，我跟他們一起做瑜伽，他們在我身上爬上爬下、騎馬、吊掛，我們在地板上隨意嬉耍，自然會即興發現新的兩人瑜伽動作，這是我們可以一起做的事，這種不靠言語的、正念的、相互尊重的身體遊戲，帶給我這位父親很大的趣味和愉悅，也讓我們共享深度的連繫。

孩子越大，我們便越記不起他們是與我們同住的禪修大師，「課程表」越來越複雜、困難，於是，我們開始面臨種種挑戰，諸如保持正念和不作反應、清楚覺知我的反應和過份反應；隨著我越來越不能在他們生活裡說什麼、起什麼影響，我反而感覺越來越膨脹。有時我一不留神，還沒意識到發生了什麼事，我童年經歷的老習性錄音帶便以最大音量播放出來，那些男性原型的玩意，諸如我在家庭中的角色、合理和不合理的權威、如何貫徹我的權力、我在家中感覺有多自在，還有處在不同年齡和階段的需要，以及往往相互衝突的人際關係之中，這些原型的男性思維總是在心中迴響。每天都是嶄新的挑戰，我經常覺得快要招架不住了，有時則頗為孤獨。你感覺到鴻溝在拉大，你知道為了發展和探索健康的心靈，人與人之間必須有距離；然而，漸行漸遠儘管是健康的，卻仍是痛楚的，有時我會忘掉自己是大人，表現出幼稚的行為。如果當時那一刻我的正念沒跟上來，孩子很快會把我拉回正軌、喚醒我的覺知。

為人父母和家庭生活可以成為正念的完美練習場，但膽怯、自私或懶散的人，或無可救藥的浪漫派可就沒這個福分練習了。為人父母是一面鏡子，逼你直視自己，如果你可以從觀察中學習，你或有機會繼續成長。

＊

一旦體悟到，即使最親近的人之間都一直存在無窮的距離，那麼如能欣賞彼此之間的距離，便可以美妙地一同並肩成長，使每一方都能在天空般廣闊的背景中看到完整的另一方。

——里爾克《書簡》（Rainer Maria Rilke, *Letters*）

＊

一個人若要達到整體的境界，他需要投入整個生命，少一點都不行；沒有捷徑，沒有替代，也沒有妥協。

——榮格

**請試一試**

如果你是父母或祖父母，試著將孩子當做你的老師，有時候不動聲色地觀察他們，盡量不引起注意。更仔細地聆聽他們的能量，什麼會吸引他們，什麼不會。解讀他們的身體語言，觀察他們此刻表現出了什麼，他們畫了什麼（以及他們想告訴你什麼有關這些繪畫或其他活動的事）、他們看到什麼、他們做出什麼行為、他們熱愛些什麼。他們在此時此刻中、在這一天中、在人生這個階段中，到底需要些什麼？然後問問自己：「我能幫上什麼忙？」結果非常可能不過是：放任他們自己去探索——這跟「直升機父母」正好相反。

然後跟隨你的內心，請記住，在大多數情況中，忠告是最無用的，除非時機適切；你不但必須敏銳把握時機，也得知道如何用字遣詞。僅僅忠於自己，全然與他們同在，打開心靈，並靜待不時之需，無需過份關切，就已經是一項最珍貴的禮物了。自然，不時帶著正念去擁抱孩子，也是無傷大雅的！

# 父母經又一章

理所當然，在人生很長的一段時間裡，你是子女一生主要的生活導師，同時，他們也是你一生的老師，你如何擔綱這個角色，對他們和你自己的生命會造成很大的影響。我認為父母是我們長期卻暫時的一種監護身分，如果我們眼光狹隘，認為子女是「我們的」或「我的」，將其視為我們的財產，可以任加形塑、支配，來滿足一己之需要，我們就給自己惹上大麻煩了。孩子此刻是、也永遠是他們自己，生來就屬於他們自己的時代。他們將繼承一個與我們截然不同的世界，尤其是將面對當今時代和可想像的未來各種前所未有的挑戰；若要成為完整的自我，需要無私的愛和引導，才能長大成人，父母和照護者需要大量的智慧和耐心，才能將最重要的訊息傳遞給走在成長道路上的世代。有些人——也包括我自己——除了用天生的養育和慈愛本能之外，持續不斷的正念尤不可少，如此方能使父母這個角色稱職，並在孩子走上道路時，盡力保護他們，並培養他們的力量、見地和技能，以便在日後更深入地自行探索這條道路。

有些人覺得禪修在他們生命裡彌足珍貴，便躍躍欲試想教孩子也禪修，這恐怕是大錯特錯，端看你的動機和方式。在我看來，特別在孩子很幼小的時候，想要教孩子智慧、禪修或其他的東西，最好的方式是以身作則，體現出你想傳遞的訊息，不必多費唇舌。你談禪修談得越多，愈加頌揚，越堅持孩子要按照某種特定方式去做，越可能令他們失去胃口，或許終身不再接觸禪修；

他們會感到你強烈執著於自己的觀點，想支配他們、想推行你自己的某些信仰，而非他們的真理，而且，他們會直覺知道，這不是他們該走的道路，而是你的。

如果你對禪修很投入，從中受益，孩子會親眼目睹，如實接受，把禪修當做生活的一部分，是一種正常的活動。他們有時候可能還想模仿你，因為孩子對父母往往有樣學樣。重點是，學習並實地去禪修的動力，都必須是自動自發，而且能保持興趣，才能持續下去。

真正的教學和嬗遞（如果真有所謂嬗遞），是不用言語的。我的孩子有時也跟我一起練習瑜伽，因為他們看到我在做，而且看起來很有趣。但大多時候他們另有要事，而且興趣不大。禪坐也一樣，但他們究竟是略懂一二的，大概知道是怎麼一回事，若有一天他們真想禪坐，自然知道怎麼坐，因為他們自小就在我膝頭跟我坐禪。

如果你本身從事禪修，就會找到一些適合的時機對孩子提出禪修建議，這些建議不見得當場「奏效」，但可以為未來撒種。當孩子感受到痛苦或恐懼，或由於心中放不下某事而無法入睡，就是大好時機，你不用咄咄逼人或強求，可以建議他們調頻到入出息，放慢節奏，想像自己倘佯在小船上乘浪漂流，把恐懼和痛苦用色彩、圖像，或身體中的位置描述出來。運用想像力，探索並「玩一玩」那種境遇，提醒自己，感受和念頭只是心中的圖像，如影片或電影一般，他們可以轉換頻道，換個影片，改寫電影、念頭、意象、色彩，這樣他們會較迅速感到有轉機，而且也會較能主控局面。

有時候這對學前兒童最為奏效，但到六、七歲時他們可能會不好意思，或覺得這樣做太傻氣了，不對這個階段也會過去，他們有時候又比較容易接受了。在任何事件中，撒了種就等於教了他們可以運作內心來處理恐懼和痛苦。待他們長大些，又常常會回過頭來檢視我們曾教過他們的知識。如果他們嘗試禪修，將能從親身的體驗中知道：自己不僅僅是念頭和感受，自己其實擁有更多的選擇，可以參與各種情況並影響其後果。正如一位五年級小學生對她焦慮的母親所說的：「就算其他人的心念在上下波動，你不必跟著隨波逐流。」

我和妻子麥菈合著了一本關於正念做父母的書《正念父母心》（*Everyday Blessings*）[1]，於一九九七年首次出版，並於二〇一三年修訂。如今我們身為祖父母，這種正念的節奏依然在繼續。

1 譯註：中譯本《正念父母心，享受每天的幸福》，雷叔雲譯，心靈工坊出版，二〇一三年。

# 沿途的陷阱

如果你走上終身修習正念的道路，並把修習正念當作每日的正式禪修，同時也是生活中一切時刻的存在方式，那麼旅程中最大的潛在障礙，毫無疑問是你思考的心。

舉例來說，你可能三不五時覺得你的禪修「甚有進境」，尤其在你超越從前的體驗、洋洋得意的時候，你可能這樣想，甚且說出來：你已經到了什麼「境地」、禪修真「見效」呢！無論你當下有什麼特別的感受和理解，自我——也就是造我的衝動——就是想出來昭告天下並且邀功的這種時候，你便不算是禪修，而是在打廣告了。我們很容易落入這個陷阱，用禪修來助長自我膨脹的習性。

一旦陷在這裡面，你就再也看不清真相了，甚至原本清晰的洞見，一旦用自顧自的思考宣告出來，都很快會變得曚矓不清且失去真確性。所以你必須提醒自己：任何塗上了「我」和「我的」色彩的事，都不過只是思考流中的漩渦，可能將你捲入，讓你遠離自己的心，也遠離親身體驗的真實性——個別性和如是性。在我們最需要它和我們行將背叛它的時刻，這個提示在當下為我們保持鮮活的修行，也讓我們可運用探究和真誠的好奇心，深刻地觀照實相，並不斷地反問自己：「這是什麼？」「這是什麼？」

反過來說，有些時候你以為禪修毫無進展，你希望發生的事全沒發生，害你感覺枯燥、乏味，這又是思考造成的問題了。感覺乏味、枯燥，並沒什麼不對；沒有進展也沒什麼不對；就像你以為自己到了哪個境地，也沒什麼不對一樣。事實上，你的修行也許真的顯示出更深刻、更扎實的跡象，但當中的陷阱其實在於過度膨脹這種體驗或念頭。一旦你開始相信這些體驗很特別，那麼你便對這些禪修體驗和今後的發展產生了執著心，成長便停滯不前。正如崇山行願禪師說的：「張嘴就錯！」

**請試一試**

只要你自以為到達了什麼境地，或沒到達應到的境地，可以問問自己：「我到底應該到達什麼境地？」「誰應該到達某種境地？」「我們為什麼比較不容易觀察到並接納當下的某些內心狀態？」「我每一刻都充滿正念嗎？還是沉溺於失念重複的禪修形式，誤以為形式就是本質？」「我把禪修簡化為一種技巧嗎？還是視為生命之道？」

這些問題可以幫助你超越那些左右你修行的自我中心的感受狀態、失念的習性和強烈的情緒，也可以很迅速將你帶回每一時刻如實的清新和美妙。也許你忘了，或還不了解禪修是人類活動中唯一不需要努力到達哪種境地，僅僅單純地讓自己置身於已然置身其中之處。當你不喜歡你所置身的事物或地方，禪修之藥雖不免口苦，然這一帖良藥正宜於此時服用。

# 正念是靈修嗎？

如果你翻開字典查到spirit（靈性）一字，你會發現它源於拉丁字spirare，意為「呼吸」（to breathe）；吸入為啟發（inspiration），呼出為終止（expiration），靈性自此連繫上了生命的入出息、活力、心識和靈魂。靈性經常被描述為降臨吾身的神聖天賦，因此它位於一種莊嚴的、超自然的、超越語言的層次；從最深刻的意涵來說，入出息本身就是靈性給我們帶來的終極天賦。然而，如我們所知，只要我們的專注力被吸引至他處，便無法知悉它優質的深度和廣度。正念的修行不斷提醒我們每一刻的生命能量。覺醒的境界中，每一件事都將對我們有所啟發，沒有一件事在靈性領域之外。

我盡量避免使用「靈性」一詞。過去幾十年來，我在醫院努力將正念減壓帶入主流醫療照護體系，或身處其他工作環境——像是多元族群的城中地區的正念減壓診所、監獄、學校、企業，或是訓練大學校隊、奧運選手、專業運動選手——的時候，這個詞語既不特別有用，也不必要，更不適合，我也不認為靈性一詞用於加強我個人禪修的培育和滋養上，有特別貼切之處。

這倒不是否定禪修基本上可視為一種「靈修」（spiritual practice），只是我個人對此一詞語意涵之不夠精確、不夠完整以及經常被誤導有所疑慮。當然，禪修的確有關乎覺悟到我們身為有情眾生的真實本性，以及學習如何在生活的各個方面體現覺醒和慈心。禪修是一條深刻的道路，引導我們發現自己、靜心安住在我們人類最真實的本性中。儘管如此，我感到靈性一詞所製造的問題遠比它能解決的問題還多。

在一九八〇年代初，羅傑．渥許（Roger Walsh）發表了一篇論文，將禪修稱為一種「心識訓練」（consciousness discipline）。我偏好這種說法遠勝於「靈修」，因為「靈性」一詞各人解讀不同，其含意不免與一些我們不願深究的信仰傳承和不自覺的期望糾纏不清，而那些信仰和期望又很容易阻礙我們開發、甚至學到自己確有可能真正的成長並體現覺悟。

多年來，在醫院裡會有人告訴我，在正念減壓診所的時光是他們有生以來最具靈性的體驗，我很高興他們這麼覺得，因為這是他們親身的禪修體驗，而非根據一些理論、意識形態或信仰系統而來。我想我知道他們是什麼意思，但我同時也知道他們希望努力找出適當的話語來描述內心體驗，而這體驗是超越語言和標籤的。無論他們的體驗或洞見是什麼，我最深切的期待是，它能扎根、保持活力並成長。如果他們真正意識到，禪修的意義不在於到達某個境地，甚至不在於獲得愉悅或深刻的「靈性」體驗，而是讓自己敞開心門，接納此刻事物的真實面貌——無論是愉悅、不愉悅，還是兩者皆非的狀態，並且可能在無始無終的此時此刻，安住於覺知中，品味片刻的平等心，那麼我會感到相當欣慰。也希望他們終將了解，正念超越所有思考，無論是一廂情願的還是其他思考；唯有此時、此地才是這場所謂「生命」的神祕冒險不斷展現的舞台。

從這個視角看，靈性（spirituality）的概念非但不能擴充，反而窄化我們的思考；這種情形太普遍了，人們視某些事為靈性，某些事則在靈性之外。科學是靈性嗎？為人父母是靈性嗎？狗和貓有靈性嗎？其他的動物呢？大自然呢？身是靈性嗎？心是靈性嗎？分娩、進食、繪畫、彈奏音樂、散步或注視一朵花呢？呼吸或登山呢？很顯然，靈性全取決於你如何面對它、如何用覺知來觀照它、如何理解這個世界。

正念讓任何現象都閃耀著「靈性」一詞意義的光輝，愛因斯坦曾提到，在思惟宇宙物理現象的內在秩序和奧祕之時，他體驗到「那宇宙宗教的情感」（that cosmic religious feeling）。偉大的遺傳學家芭芭拉．麥克林托克（Barbara McClintock）的研究多年來被男性同業忽視並藐視，但她終於在八十歲那年獲頒諾貝爾獎；她努力理出玉米遺傳學的錯綜複雜的關係時，曾提到「對生物體心有戚戚」（a feeling for the organism）。也許最終，靈性僅僅意謂：親身體驗到整體性和相依相存性，看到個別性和全體性的交織，沒有一件現象是孤立又與其他現象毫無關連的。如果你是這樣看待事物，那麼每一件事的最深層意涵都是靈性的，科學研究是靈性，詹姆斯．韋伯太空望遠鏡（James Webb Space Telescope）展示的宇宙只是無數例子的其中之一。洗碗也是靈性。內心體驗才是重點。你必須與你觀察的對象同在，其他一切則都只不過是思考運作。

同時，你必須小心警戒你的種種習性，如自我欺瞞、妄想、浮誇、妄尊自大、剝削或殘虐其他生命的衝動。在所有時代中，人們往往因為執著於某種靈性上的「真理」而造成巨大的傷害，更多的是，甚至披著靈性的外衣，意圖傷害別人——往往以是很恐怖的方式——來滿足自己的欲望。

此外，對敏銳的人來說，靈性往往帶有一種自命清高的意味。這種狹窄的、說文解字式的見解常讓我們認為靈性比身、心、物質的「粗重」、「染污」、「妄念」高尚，一旦墮入這種見地，人們可能用靈性的概念來逃避生活。

從神話學的觀點，靈性的概念具有向上提升的特質，如卡爾·榮格（Carl Jung）、詹姆斯·希爾曼（James Hillman）、羅勃·布萊以及其他原型心理學（archetypal psychology）倡議者所指出的，靈性的能量讓人昇華：從塵世屬性，昇華到充滿光耀的非物質世界、是超越相對、萬物如涅槃、天界、宇宙和諧統一的世界。然而，雖然和諧統一對人類無疑是極為罕見的經驗，故事還沒有完結呢，更常見的，往往是九分一廂情願滿懷期盼的奇想（儘管如此，還是去想），卻只有一分的親身體驗。探索靈性的和諧統一，尤其在青年時期，往往出於天真和浪漫的渴望，希冀超越身苦、心苦，以及充滿個別性與如是性的塵世的責任，自然也包括痛苦和責任中的陰濕和黑暗種種不堪。

超越的**概念**——而非超越本身——可能會成為一樁大逃避，為癡心妄想火上加油。因此佛教傳承裡，尤其是禪宗，強調我們會繞個圈，又回歸見山是山、見水是水的平凡而日常生活；他們說：「集肆間出入自在。」這意謂在任何處所，任何情況，不亢不卑，單單存在著，而且完全存在著——醒覺而又覺知於獨一無二的色法和空性聚集一處，造就了你。禪宗修行人還有一個既不敬又令人深思的妙說：「佛來佛斬！」意謂只要執著於佛或證悟的概念，那就連佛法都還摸不著邊呢。

注意我們在〈山之禪〉一節中所用的山之意象，山並非只是那個比所有「卑下」的凡俗瑣碎生活都崇高的山巔，山還包括山腳札根於岩石的基座，以及一種意願：願意禪坐並與各種天候條件同在，像是霧、雨、雪和寒冷，或就內心層面而言，即是孤獨、抑鬱、恐懼、憤怒、迷惑、身苦和心苦。

心的研究者提醒我們：岩石是靈魂的象徵，而非靈性；如水之就下，靈魂的旅程是向下扎根的象徵，朝向地底的。水也是靈魂的象徵，往下是得其所哉，如〈湖之禪〉這一章，水匯聚於低窪處，為岩石所環抱，黑暗、神祕、接納，經常既冷且濕。

靈魂的感覺，植根於多元性，而非單一性、植基於複雜性和模糊性、個別性和如是性、個體性和多樣性。靈魂的故事是有關探索、冒生命危險、承受黑暗、面對陰影、被埋在地底或水下、迷失方向、時有迷惑，但仍然堅持不懈的故事。托爾金（Tolkien）[1]的作品很快浮現腦海。我們雖然遭遇最害怕的黑暗和從地底湧出又淹沒我們的幽暗，但因為堅持，仍然勇於面對，待我們浮出，終將感知到自己的金光閃閃，原來金球一直都在我們身上，只是隱藏著。這必須要在不同的生命階段、下降到黑暗和憂傷的境地，才能重新發現它。別人也許看不到，有時候甚至連自己也看不到，但我們的確一直擁有金球。這或許可以稱為我們真實、或最真實的本性。

1 譯註：約翰・羅納德・瑞爾・托爾金（John Ronald Reuel Tolkien，1892-1973），英國作家、詩人、語言學家及大學教授，以創作經典嚴肅奇幻作品《霍比特人》、《魔戒》與《精靈寶鑽》而聞名於世。

所有文化中的童話，大多是靈魂的故事，而非靈性的故事：《生命之水》裡的小矮人是象徵靈魂的角色、《灰姑娘》是靈魂的故事；羅勃・布萊指出《鐵約翰》的原型是灰燼。你（因為這些故事都是關於你的）被壓抑，即便在灰燼中、靠近鍛鐵爐並扎根，卻仍不免憂傷、你內在的美麗無人賞識而且被占便宜，在這種時刻，你內在開始出現一種新的進展，一種成熟、一種蛻變、一種鍛煉的過程，終於造就出一個發展完成的人，煥發光耀，但同時以睿智面對世界，不再被動又天真。一位發展完成的人具體顯現出靈魂和靈性、向上和向下、物質和非物質的和諧統一。

禪修本身既是人類成長和發展旅程的一面鏡子，也是催化劑，旅程帶我們向下也向上，要我們面對痛苦和黑暗，甚至擁抱它，同時也面對並擁抱喜悅和光明，它提醒我們：運用任何體驗、任何的置身處，並將之視為探索、開啟、增長力量和智慧的良機，**走出我們自己的道路**。這是弗朗西斯科・瓦雷拉（Francisco Varela）[2]常說的，這是一個絕佳的比喻，用來形容正念修行就是生命存在的方式。

對我而言，像「靈魂」和「靈性」之類的詞語，只是嘗試在表述人類努力探索自己，並在這陌生而日益加速變動的世界找尋自己定位時的內心體驗。沒有一樁真正的靈性努力少得了靈魂，真正的靈魂努力也不能缺少靈性。我們的魔鬼，我們的惡龍，我們的小矮人，我們的巫婆和食人

2 譯註：弗朗西斯科・瓦雷拉（Francisco Varela, 1946-2001），智利的生物學家、哲學家和神經科學家，以引入生物學的概念聞名，與作者共同建立心靈和生命學院，促進科學和佛教之間的對話交流。

魔，我們的公主和王子，我們的國王和皇后，我們的地牢、裂隙和聖杯，我們年輕時駕船的槳，老年時插入土地的槳，都在此時此地，隨時準備好教導我們、服務我們，然而我們必須仔細傾聽，體現英雄般的精神，永無止境地探索並承當，成為一個完全的人；也許我們所能做最具「靈性」的事，就是以親眼注視，以整體視野觀照，然後以正直和慈悲來行動。

＊

……他們的眼睛，他們古老而閃亮的眼睛，是愉悅的。

——葉慈《青金石》（W. B. Yeats, *Lapiz Lazuli*）

# 跋語

我不敢想像人們會隨隨便便就購買有關禪修的書籍。這本書已持續出版三十年，譯成四十多種語言，這顯示它的基本訊息能吸引並觸動人心。也許這是因為我們十分渴望直接體驗我們心底多多少少知道我們已經是的那種人，卻感覺跟自己之間有一定的距離。也許這本書以及越來越多適合我們時代的殊勝法教，觸及了越來越多人對真實、親密和清晰的深切渴望，並提醒我們一個已知的事實：無論我們在什麼處境之下，這些特質只存於我們自己內心以及生活的直接體驗的展開過程，而這種展開永遠總在此處、僅在此處，也永遠總在此時、僅在此時。或許人們感受到了書名的召喚，只要我們還有機會，便應清醒地面對自己的體驗；我們大多容易一路夢遊，錯過大半人生，編織關於我們是誰、我們要往何處去，種種美好或不美好的故事，追逐不太可能實現的幻想，而這幻想萬一實現，可能無法回頭。

這本書貼近我心，感覺完整，因此出版社請我為十週年版撰寫一些新內容時，我遲疑不願在書前加入新材料。因此，我選擇了寫下這篇跋語，如今在二十年後又重新改寫一個更新版本。隨著時間，無疑也應該加入一個新的導言。

我也意識到，原書中的一些內容隨著時間的推移和世界的迅速變化，可能對數十年後的讀者所產生的共鳴有限。然而，我選擇基本保持原文本——童話、年輕時為人父母的故事、關於靈性的宣言等等——盡我所能根據時代和修行稍加調整，但總體上仍保持最初的風貌。

如果你已跟我們一路同行，走到旅程的這一步，仍有不少值得一說——「法」是無量無邊的——而同時，也無須多言。禪修本身是超越時間的。看到本書在世界各地的主流圈子中扎根既廣且深，令人倍感欣慰：特別在此內外動蕩、價值混亂；而且人類和生物圈面臨生存威脅的當下；殘酷和全然毀滅性的戰爭；生態破壞的加劇；數位時代來臨使時間加速；在不清楚風險的情況下，嘗試發展通用人工智能（AGI），對我們人類來說，既隱含著希望的前景，也潛藏著可能令人恐懼的後果；網際網路為相依相存的現實創造了的奇妙和隱患，於是我們愈加被餵養出一種傾向：渴望在更短的時間內完成更多事情；沉溺於社交媒體的誘惑和危險，演算法照例把「參與度」逼到最高；無論無底洞、假消息或深偽帶來的後果如何，所有事物皆非表面所見，各種成癮現象對年輕人的心理健康、內在的價值感和歸屬感，產生前所未見的破壞性影響。這些變化，在三十年前難以想像，我們於是很可能面臨風險，那就是無法深掘自身完整的能力和天分。這些潛力源於我們在宇宙一隅中經歷的三十五億年純粹的**類比**進化，創造了我們和全人類的感知能力——我們還來不及認識、更別說充分利用這些生物學上的潛能以服務於和平、平靜、智慧、福祉和愛之前，可能在每一天和每一次升級中愈加依賴電子產品和社交媒體跟外界數位連接，卻在不知不覺間失去跟自我、身體和大腦、心智和心靈、彼此，以及自然世界的基本連繫，在這個星球上——仍是恰到好處如古迪洛克行星（Goldilocks）[1]的不冷不熱宜居環境（但能持續多久呢？）——我們越來越分心走神或糊塗癡迷，從沒有真正地與自己同在、為自己存在，幾乎完全失去了觸知生命的能力。這種狀況史所未見。我們這物種正處在關鍵的轉折點、臨界點，正念是我們天生的覺醒、開放性存在、清晰的洞見、智慧和慈悲的能力，如果我們要以個人之力和群體之力，應對如此規模龐大的挑戰，以及未來更多的挑戰，正念是前所未有地重要。

在我看來，正是這個動盪時期，我們比以往任何時候都更需要一種我稱之為「意識的正交旋轉」[2]，來伴隨並形塑我們在世間的種種參與和牽纏的路徑，同時引導我們在類比／數位界面上完整發展人類個人和集體的最大潛能。正念禪修，尤其是被視為一種生命存在的方式——每時每刻，每刻每時，生活就是真正重要的事，而不僅僅是一項技術，或是戎馬倥傯日程中又多加了另一件事——正是實現這種轉變和療癒的強大工具。正念是通向永恆的門戶，超越時間，既在時間之下，又在時間之內運作，因此我們可以轉化，卻無需努力去追逐某個境界，也無需因自我不夠好或不夠完美而苛責自己。

---

1 譯註：古迪洛克行星（Goldilocks Planets）是軌道位於恆星適居帶的行星，經常特別指與地球近似的行星。由來是英國作家羅伯特・騷塞（Robert Southey，1774-1843），的童話（金髮女孩與三隻熊）（Goldilocks and the Three Bears），故事裡的金髮小女孩古迪洛克來到三隻熊的住家，看到所有東西都有三種尺寸，小女孩最後選了最「恰當」的一組東西來使用。古迪洛克行星距離其母星不太遠也不太近，液態水可以存在於地表，適於生命生存，其中最好的例子是地球。

2 原註：見 *The Healing Power of Mindfulness*, Hachette, New York, 2018. pp.38-51.

正如本書和禪修本身所確認並肯定的，當你身處當下這一刻，你已經完美。我們都是。我們完美地成為我們自己，包括所有的不完美和不足。既關鍵又絕對基本的問題是：我們能看到它嗎？我們能與它共處嗎？我們能張開手臂歡迎它嗎？我們能安坐其中嗎？我們能知道嗎？我們能擁抱自己類比的、不可思議的整體性（這是數十億年在這顆小小行星上進化的結果）嗎？又能在我們置身之處、每個處境中，無論是好、壞、醜陋、迷失、令人困惑、心碎、恐懼或痛苦當中體現出來嗎？

我們能否知曉「覺知」已經天生本具？我們既身為個體又為物種之一，能否認識並利用它的療癒潛能、智慧、包容整體性和多樣性和美麗？我們能否認識到自身覺知的無盡美妙、奧祕和智慧，也意識到，要發揮這名符其實的超能力，可透過照顧並培育關愛、溫柔的專注力，得到無限提升？我們能否明白，無論我們到了哪裡，我們就在那裡了，而「那裡」永遠是「這裡」，因此至少需要我們承認並多少接納當下如實的狀態，無論狀態如何，就因為這狀態已經是如此？我們可不可能在唯一屬於我們的此刻，成長成為完整的自己？更明智地活出這寶貴而短暫的一生，減少甚至完全消除——從個人到地球的——傷害，盡可能實現我們自己和彼此的幸福？

這些其實都是同一個問題。直覺的回答是：我們可以，我們可以……。說到這裡，究竟還有什麼比——為自己、為子女、為孫輩、為後代、為全人類、為自然世界、為這顆在浩瀚宇宙中的藍色星球，而這顆星球又是詹姆斯・韋伯太空望遠鏡（James Webb Telescope）在月球軌道之外所揭露的——這些更重要的事呢？如果我們能創造出這麼多奇蹟，能夠讚嘆我們所見和所學，那麼，當我們向空間更深處望去，因此向過往的時間更遠處望去，益發接近起源，沉思心識和宇宙中生命的奧祕——而據我們所知的、僅知的，這個宇宙只有百分之四的物質——其餘都是「暗物質」和「暗能量」——為什麼我們不能同時認識並實現我們這一生——十三點八億年宇宙演化的直接產物——經由感知、心識、覺知的奧祕？能安住於驚嘆、奇妙、愛和慈悲中，而且居然還有機會為自己和子孫後代的生命努力，是一種難以置信的寶貴機會？

我們還有機會的時候，有什麼比奉獻生命中完整的可能性和真實（往往沒被看見、沒受注意、沒使用過）給自己更重要的呢？要不是「你到了哪裡，人就在那裡了」，要不就是「你到了哪裡，人卻不在那裡」。在任何時刻，兩者多少都是真實的，但我們可以調整這種真實的程度，進而找回我們真正的自己：找回我們是誰，我們已經是怎樣的人、我們一直都是怎樣的人，在此時，在此地……，只不過暫時忘卻了。這就是修行。

正念，哪怕只培養幾分鐘，也會讓內心靠近自身。它喚起我們所渴望的親密感，因為最終，正念就是親密感——跟自己和世界的親密感，兩者表面看起來是明顯分隔，正念卻能超越此一分隔。正念修行，使我們立即獲得世界和我們自己天生本具的良善和美，這是藉著直接經驗，於無始無終的此刻，揭示安住覺知的力量和撫慰，使我們遠離經常苦惱的情緒，以及由於不夠安詳、不停評斷的心所引起的擾動。正念也很清楚表明，生起擾動的情緒時，只要我們不否認或試圖封閉，便會自然平息，否則它們只會增強煩擾的能量，導致內外各方面的傷害和痛苦，而無法體現智慧和慈悲。我們身為人類，能否將我們最深、最好、最美的本質中找到皈依？我希望我們能夠，我們必須如此，一起攜手並進！

二〇〇四年，我在香港授課時，有機會前往中國深圳拜訪一位備受尊敬的九十八歲禪宗大師本煥長老[3]。他的新落成寺院完美地嵌入一座美麗公園的山坡中。同行的有香港醫院管理局（Hong Kong Hospital Authority）的幾位正念減壓的同事，長老的一位法嗣衍空法師[4]，為我翻譯。我發現衍空法師由於自身的興趣，決心遍讀而且完整研究我的正念減壓科學研究論文和著作。他向長老解釋了一些關於正念減壓以及我和同事們在醫院所做的工作，那時，我們已做了二十五年。

當時長老先環視房間的人，然後直視著我，說：「人們的痛苦無量無邊，因此人們能運用的法門也必須無量無邊。」聽到口譯後，我有著深深的認同和接納。我凝視他的雙眼，感到他非常神似我的祖父。他再次微笑著問我：「你教的是哪一宗派？」顯然他正如禪宗傳統，友善地進逼我這外國人，我想我必須面面俱到，於是回答：「我教的是佛陀和惠能的傳承。」我這樣回答也許有點驕慢了，不過在當時似乎很適當。他馬上回問：「要點在哪？」我答道：「當然是無所

3 譯註：本煥長老（1907-2012），出生於湖北省武漢市，圓寂於深圳市弘法寺，中國漢傳佛教臨濟宗傳人。一九五八年到一九八〇年一直羈押於監獄中。

4 譯註：衍空法師出生於香港，在美國俄勒岡州州立大學取得電腦和國際商貿的學士學位。回港後，隨羅時憲居士和葉文意居士學習佛教經典及禪修，勇猛精進。一九九〇年於香港大德聖一大和尚座下披剃出家。他亦是臨濟宗的第四十五代接法傳人和為仰宗的第十代接法傳人。

執著。」他微笑著問：「你想成為我的學生嗎？」（這些全是衍空法師的翻譯，後來證實我沒編故事），我微笑著靠近他，望著他的眼睛，說：「我以為我已經是您的學生了。」他笑了笑說：「我們去用午齋吧。」於是我們就去了。

本煥長老在十年後以一百零七歲高齡圓寂。雖然他邀請我再次回訪，我也非常希望能夠成行，但始終未能如願。然而，那一天我離開他的寺院時，內心感到一種完成，覺得我們已經超越了時間和空間，以一種美好的方式感知彼此了。[5]

因此，我們來到了書末，而這僅僅是一個開始，就像每一次入息都是一個全新的開始，每一次出息則是完全的放下。如果你能走到這裡，請接受我最深的敬意，感謝你全心全意地投入這場生命中的冒險，展現了無比的勇氣和堅持。在日常生活中，每個人都在體現並映射出那些可能的形式；這些可能性屬於我們自己，屬於彼此，或屬於這個世界本身，在每一時每一刻中，每一次

---

5 原註：我最初在為《教授正念：臨床和教育實踐指南》（*Teaching Mindfulness: A Practical Guide for Clinician and Educators*，Donald McCown、Diane Reibel 和 Marc S. Micozzi 合著，Springer, New York, 2010 年）撰寫的長篇前言中講述了這個故事。在那個前言中，為了提供一些背景，我還提到：「在當時的那個時刻，我以那樣的方式回答了本煥長老。在另一個地方，或者另一個時間，或在不同的環境下，我可能會以完全不同的方式回答。在禪宗／禪修傳統中的這種交流中，答案本身並不重要，但覺知問題及其來由卻非常重要。有許多回答完全偏離了主題，但從來沒有唯一的正確答案，就像修行沒有唯一的正確方式一樣。」

入出息中。每一次入出息，都是一次邀請，邀請我們更持續、更精進、更慈悲地體現並實現這些可能性，同時更加感激在我們所有人心內的清明、理智和福祉——始終存在於我們身邊、也已經存在於鼻下——只要我們還有機會。

願我們繼續不斷地將自己交託給我們內心最深處、最美好的部分，一次又一次地鼓勵我們最真實本性的種子生長、開花——為了眾生，無論遠近、已知未知，為了這個充滿美麗與苦難的世界——讓這些種子滋養我們的生命、工作和世界，從每一刻到每一天。

喬．卡巴金

麻薩諸塞州北安普敦

# 致謝

我要感謝麥菈・卡巴金（Myla Kabat-zinn）、已故的莎拉・多林（Sarah Doering）、賴利・羅森伯格（Larry Rosenberg）、約翰・米勒（John Miller）、丹妮爾・列維・阿爾瓦雷斯（Danielle Levi Alvares）、蘭迪・鮑爾森（Randy Paulsen）、已故的馬丁・迪斯金（Martin Diskin）、丹尼斯・漢弗萊（Dennie Humphrey），以及已故的費里斯・厄班諾夫斯基（Ferris Urbanowski），感謝他們在很久以前閱讀了這本書的早期草稿，並給予了寶貴的洞見和鼓勵。我深深感謝楚迪・西爾弗斯坦（Trudy Silverstein），和已故的巴里・西爾弗斯坦（Barry Silvertein），感謝他們在我撰寫第一版初期密集寫作期間，提供了洛基馬場（Rocky Horse Ranch）的使用權。感謝傑森和溫蒂・庫克（Jason and Wendy Cook），在那些美好日子裡的西部冒險。特別感謝三十年前最初在海派利恩出版社（Hyperion）的編輯鮑勃・米勒（Bob Miller，現任 Flatiron Books 編輯）和瑪麗・安・內普爾斯（Mary Ann Naples，現任 Hachette 編輯），感謝他們出版優秀作品的深切決心，以及一起合作編輯原版時的愉悅，也感謝我的文學經紀人帕翠西亞・范德勒恩（Patricia van der Leun），她自本書寫作最初起便一直陪伴在旁。同時，感謝我在 Hachette Books 的善良而眼光獨到的編輯蕾妮・塞德利爾

（Renee Sedliar），以及嘉莉・沃特森（Carrie Watterson）和西斯卡・施瑞費爾（Cisca Schreefel）深具洞察力的編審。

附錄一

# 參考資料

請參閱網站 https://www.jonkabat-zinn.com 來獲取喬・卡巴金博士的引導式冥想（含應用程式與數位下載版本）。也可從該網站取得他的書籍、科學論文、影片，以及與正念領域相關的社群交流管道。

作者深深感謝以下獲得允許重印的部分內容：

- 《與物相應：與尼薩伽達塔的對話》（*I Am That: Talks with Sri Nisargadatta Maharaj*）部分節錄。本書由莫里斯・弗萊德曼（Maurice Frydman）翻譯自馬拉地語的錄音。編輯為蘇卡・S・迪克西特（Sukhar S. Dikshit）。版權屬於切塔納有限公司（Chetana Pvt. Ltd., Bombay），於一九七三年出版。美國首次出版由橡果出版社（Acorn Press, Durham, NC）於一九八二年發行；一九九二年再刷第六次。經美國出版社授權重印。
- 史蒂芬・米契爾（Stephen Mitchell）編輯的《開悟之心》（*The Enlightened Heart*），其中包含無門（Wu-men）、莊子（Chuang Tzu）、李白（Li Po）、小林一茶（Issa）、

芭蘇（Basso）、道元（Dogen）等人作品的部分節錄。該書由哈潑柯林斯出版社（Harper & Row）於一九八九年出版。

- 羅伯特・布萊（Robert Bly）所著的《喀比爾之書》（*The Kabir Book*）部分節錄。該書版權屬於羅伯特・布萊，一九七一、一九七七年出版。畢肯出版社（Beacon Press）授權重印。
- 引述瑪莎・葛蘭姆（Martha Graham）的話，出自艾格尼絲・德米爾（Agnes DeMille）於一九九一年四月七日星期日刊登於《紐約時報》的文章。
- 史蒂芬・米契爾（Stephen Mitchell）翻譯的《道德經》（*Tao-te-Ching*）部分節錄。該書由哈潑柯林斯出版社（HarperPerennial）於一九八八年出版。
- 蓋瑞・斯奈德（Gary Snyder）所著的《禪定荒野》（*The Practice of the Wild*）的部分節錄。該書版權屬於蓋瑞・斯奈德，一九九〇年出版。由法勒、施特勞斯和吉魯出版社（Farrar, Straus and Giroux, Inc.）的分支北點出版社（North Point Press）授權重印。
- 維克特・魏斯考夫（Victor Weisskopf）所著的《洞見的喜悅》（*The Joy of Insight*）的部分節錄。該書由貝思克出版社（Basic Books）於一九九一年出版。
- 彼得・馬西森（Peter Matthiessen）所著的《雪豹》（*The Snow Leopard*）部分節錄。該書版權屬於彼得・馬西森，一九七八年出版。由隸屬企鵝出版社（Penguin USA）的維京企鵝出版社（Viking Penguin）授權使用。

## 參考資料

- 約翰·史坦貝克（John Steinbeck）和愛德華·里基茨（Edward Ricketts）合著的《科爾特斯海》（*Sea of Cortez*）的部分節錄。該書於一九四一年出版。阿佩爾出版社（Appel Publishers）授權重印。
- 大衛·玻姆（David Bohm）所著《整體性與隱含秩序》（*Wholeness and the Implicate Order*）的部分節錄。該書由勞特里奇與凱根·保羅出版社（Routledge & Kegan Paul, London, Boston）於一九八〇年出版。出版方授權使用。
- 阿爾伯特·愛因斯坦（Albert Einstein）所著的《我所見的世界》（*The World as I See It*）的部分節錄。該書版權屬阿爾伯特·愛因斯坦（Albert Einstein）遺產，一九五六、一九八四年出版。卡洛出版集團（Carol Publishing Group）授權出版。
- 鈴木大拙（D. T. Suzuki）所著《禪佛教入門》（*Introduction to Zen Buddhism*）的部分節錄。該書版權屬鈴木大拙，一九六四年出版。格羅夫／大西洋月刊出版社（Grove/Atlantic Monthly Press）授權使用。
- 《威廉·巴特勒·葉慈詩集：新版本》（*The Poems of W. B. Yeats: A New Edition*）的部份節錄。該書由理查·芬內蘭（Richard J. Finneran）編輯，版權屬於喬吉·葉慈（Georgie Yeats），一九四〇年出版。一九六八年由柏莎·喬治亞·葉慈（Bertha Georgia Yeats）、麥可·巴特勒·葉慈（Michael Butler Yeats）和安妮·葉慈（Anne Yeats）修訂。麥米倫出版公司（Macmillan Publishing Company）授權重印。

●聖雄甘地（Mahatma Gandhi）語錄經印度艾哈邁達巴德（Ahmedabad）的那瓦吉萬信託基金（Navajivan Trust）慷慨授權重印。

●此外，作者亦感謝以下無法找到版權持有人的重印資料：雷內・瑪利亞・里爾克（Rainer Maria Rilke）所著的《書信》（*Letters*），由珍・巴納德・格林（Jane Barnard Greene）和M. D. 赫頓・諾頓（M. D. Herton Norton）翻譯。如果該作品的版權持有人希望與出版社聯繫，出版社將盡最大努力確保在本書的所有未來版本中適當標註版權歸屬。

附錄二·初版推薦序一

# 身心安頓的禪修之道

蔡昌雄／南華大學生死學研究所助理教授

展讀卡巴金這本有關禪修的小書，再次讓我重溫多年前開始體驗禪修與窮究禪理的種種情境。有一種老朋友似的熟悉，也有一種初聽西方人説禪的新鮮感。

從熟稔禪修經驗的行者觀點看，作者的禪説雖然也有個人的創意成份，但皆是禪修者所應謹守行持的根本之道，並無太多令人驚豔之處。只是，為何一本平易近人的禪修小書，竟能如此暢銷呢？答案似乎不在於它的宏言偉論，而在於它忠實地反映出西方社會靈修的迫切需求。誠如作者所言，美國社會太過「向外」，而忽略「向內」的開發，因此，集深奧與簡樸於一身的禪，遂能為身陷當代物質主義泥沼，卻富於實用主義精神的美國人，提供一帖靈性的清涼解方。

回到方向迷離、動盪不安的台灣社會。禪雖然是自家的寶貝，但卻蒙塵已久，要擦亮它已非自身傳統所能獨力完成。事實上，從古籍天台《小止觀》、《禪觀正要》，到禪家各宗的語錄，乃至今人陳健民的《禪海塔燈》及南懷瑾的《禪海蠡測》等書，所遙指的禪功經驗均更為深廣，但對現代的讀者而言，這些「經典」除了語文的隔闔外，所欠缺的正是現代生活脈絡的融入，顯然不是那樣地「當下即是」與「日用平常」。於是，聽一聽遠來「和尚」念經，或許便成為一種不得不然的選擇。

不過，文化的藩籬只在意識的次級經驗中有其拘束力，對於禪修原初經驗創生的影響則無關宏旨。因此，西方人卡巴金在書中對「禪定」、「禪觀」與「禪用」的闡述，以及所舉個人生動的體驗事例，自然也可以提供東方禪學者最基本的觀念準備與修行參考。然而，解行應該並重，任何具有啟發性的閱讀領會，都只是實踐的開始，而非結束。作者在其字裡行間，亦不斷地透露出這樣的訊息。所以，閱讀份量上這樣輕薄的一本小書，卻應該是修行路上常伴左右、隨時警醒自己的一份手冊，就這個意義而言，它的份量可絕對不輕。

我個人對本書論及的禪修「定」、「觀」、「用」三個層次的體認如下：禪修的入門在於「定」力的修持，也就是念力或專注力的發展，以改善常態心智易落入散亂、昏沉與掉舉的習氣，奠定修觀的基礎；禪修的境界提升在於「觀」想能力的開發，突破日常世界觀構成的經驗核心，親炙自由想像心靈的無限可能，以脫困解縛；禪修的圓滿完成在於日常生活的致「用」，能於吃飯喝茶之間無處不顯道用，使靈性的深層探索得以歸返素樸的日用平常。修行時，三者之間有其次第開展之道，亦有其交相纏繞的辯證關係。

謹以上述心得做為本書旁注，願有志於禪修的讀者，皆能於此書獲益。

附錄三・初版推薦序二

# 正念貫徹修行的始終

鄭振煌／中華維鬘學會理事長

我一輩子從事佛法的學習，親近顯密高僧大德，也努力修行，儘管成就有限，卻得到一個簡單的結論：正念貫徹修行的始終。

正念就是如實知、如實見一切諸法的真相，亦即智慧或覺悟。

佛教八萬四千法門，每一個法門都以正念為基礎。

三十七道品是原始佛教的法門，分成四念住、四正勤、四神足、五根、五力、七覺支、八正道等七聚，每一聚都有正念。

覺音論師在《清淨道論》提到修定有四十業處，其中就有十隨念，念念不離能生起定、慧的所緣。

中國大乘佛教視一切法為佛法，不管是宗門或教下，也是以正念為要務。譬如禪宗的直指人心、明心見性、見性成佛；淨土宗的執持佛號、一心不亂；密宗的三密相應、觀像觀想。

佛的意思是覺悟，教的意思是教法。因此，佛教（Buddha-sasana）是教人覺悟的方法，包括教、理、行、證。教是語言、文字等媒介；理是教所要表達的義理；行是依理而實行；證是體證所教。

如此說來，正念絕對是佛教；雖然它與任何宗教無關，練習正念也不必是佛教徒，而是每一個人的必需。

我樂於推薦這本難得的正念禪修指導書籍，它至少有四項特色：

一、現代醫學與傳統禪法互相輝映：作者有現代醫學與心理學的精深造詣，又有禪修經驗，既不流於唯物論，也不落入唯心神祕論，而是實證的身心經驗。

二、理論與實務並重：書中所提到的禪法，主要屬於南傳佛教，兼及漢傳、藏傳佛教，同時介紹正念如何應用於壓力情緒與免疫系統的治療。

三、文藝品味：本書引用大量文學藝術作品，意象高遠雋永，讀來絕無一般禪法書籍的枯燥乏味。

四、可讀性高：譯筆如行雲流水，優雅柔美，堪稱上乘之作。

二〇〇九年一月二十三日於中華維鬘學會

附錄四・初版推薦序三

# 聽月、賞心去：正念療癒法

自鼐法師

本書《當下，繁花盛開》的作者喬・卡巴金，是美國麻州醫學院榮譽教授，畢生致力將正念禪引入主流醫療界，是整合佛教禪修和現代醫療方法的創發者之一。他從一九七九年開始在麻州減壓臨床中心教導正念減壓法（Mindfulness-Based Stress Reduction–MBSR）。《當下，繁花盛開》，是他在臨床實驗的十五年後，對一般大眾介紹：如何在日常生活中運用正念，以作為自我療癒的方法和原則，深入淺出，真摯感人。他的努力證明：優質的心能療癒身體的疾病，自我療癒是可能的。近年來，MBSR 被英美主流醫護界、心理治療和諮商輔導界廣泛運用，貢獻卓越。

褪去宗教、文化的外衣，佛教的正念禪法（時時保持覺知當下的身心現象），成為現代身心醫療的方法之一，已經被西方醫療界所肯定多年，並被運用在多種的身心疾病患者臨床治療上。

作者經多年使用正念療癒法醫療慢性病患者，證明：我們瞬間變化的心，僵硬病變的身體，經過持續地保持覺知分秒流逝的身心活動，可以藉由和自己當下的身心連結，切斷內心的糾葛，因而減緩疼痛和慢性病症，增強免疫力，並開發腦部的潛能。

書中說明的原則和方法，似乎像是老生常談，但放在醫療界的實驗室，則是療癒身心疾病的良藥。這也印證佛教禪修的基本精神：全心專注當下，不是在追求高妙的境界，而是從淨化心中，讓優質的心帶領身心進入平和與自在中。如《大念處經》中，佛陀說明修持正念禪的利益，所承諾的典型名句：「這（修持正念）是使眾生清淨，超越愁悲，滅除苦憂，成就聖道，體証涅槃的唯一道路。」

本書的特色，是作者以不帶任何專有術語的方式，以質樸、直接明白的語言，述說直接和自己連接的方法、態度和原則。雖然乍看平易簡單，實質上，是作者個人用心深入在日常生活中，不斷地深入探討、實踐佛教正念的精華。在內容上，有作者反省和創意的詮釋，真誠而貼切，尤其將禪修定義為：是「成為」（being），而不是「作為」（doing）的角度，對習慣「有所作為」的現代人而言，是一個深度的揭示：連接生命的本然和活力，只要將心念切換到全心全意地安住在現在，讓心向內活在自己的中心。猶如忙裡偷閒似地，只是停下來，簡單地感覺出入的呼吸，或隨時保持放鬆肩膀，注意腳底，不帶批判、自貶地，進而能像鑑賞家一般，欣賞洶湧波濤的心念，便能漸漸地脫離因慣性反應所產生的自我壓迫感。

作者短短的每段行文，像貼心老友和自己娓娓道來：如何關愛自己的心，鼓舞自己勇敢面對不想看的問題等，教導讀者學會安然地過生活；也像一位哲思者，無畏地反覆辯證，如何和慣性反應拔河，鼓舞了您願意引導心，簡單地觀照當下，聆聽自己身體的一呼一吸，或停下來勇敢聽聽自己內心的答案。同時他嚴謹清楚地描述方法，充滿對初學者貼心的照顧。這本書，值得當成像關懷自己心靈老友的忠告般，記得常常用。彷彿，在靜謐的深夜，捨得靜靜地和灑落的月光共享一般……

附錄五

# 延伸閱讀

- 《超越正念：當下立斷的覺知練習》（2024），史蒂芬·鮑地安（Stephan Bodian），心靈工坊。
- 《懂生，才懂死》（2024），佩瑪·丘卓（Pema Chödrön），心靈工坊。
- 《生命之美：克里希那穆提最後的心靈日記》（2024），克里希那穆提（Jiddu Krishnamurti），心靈工坊。
- 《不順意的日子，順心過》（2020），佩瑪·丘卓（Pema Chödrön），心靈工坊。
- 《認真的你，有好好休息嗎？——平衡三力，找回活力》（2019），黃天豪、吳家碩、蘇益賢，心靈工坊。
- 《渴求的心靈：從香菸、手機到愛情，如何打破難以自拔的壞習慣？》（2019），賈德森·布魯爾（Judson Brewer），心靈工坊。
- 《找回內心的寧靜：憂鬱症的正念認知療法（第二版）》（2015），辛德·西格爾（Zindel

V. Segal）、馬克・威廉斯（J. Mark G. Williams）約翰・蒂斯岱（John D. Teasdale），心靈工坊。

- 《減壓，從一粒葡萄乾開始：正念減壓療法練習手冊（隨書附贈正念減壓練習導引 MP3）》（2012），鮑伯・史鐸（Bob Stahl, Ph.D.）、依立夏・高斯坦（Elisha Goldstein, Ph.D.），心靈工坊。
- 《是情緒糟，不是你很糟》（2010），馬克・威廉斯（Mark Williams, Ph.D.）、約翰・蒂斯岱（John Teasdale, Ph.D.）、辛德・西格爾（Zindel Segal, Ph.D.）、喬・卡巴金（Jon Kabat-Zinn, Ph.D.），心靈工坊。
- 《我不餓，但我就是想吃：21天計畫打破假性飢餓與自責愧疚的迴圈，鬆綁你的飲食焦慮》（2024），賈德森・布魯爾（Judson Brewer），時報出版。
- 《不反應的練習：讓所有煩惱都消失，世界最強、最古老的心理訓練入門》（2024），草薙龍瞬，究竟。
- 《平靜的力量：正念研究經典，科學實證持續練心即可重塑大腦迴路，提升內心素質，脫離耗損身心的負面情緒》（2023），丹尼爾・高曼（Daniel Goleman）、理查・戴維森（Richard J. Davidson），天下雜誌。
- 《正念減痛：療癒慢性疼痛、情緒焦慮、心理創傷，正念減壓之父卡巴金的靜觀練習課》（2023），喬・卡巴金（Jon Kabat-Zinn, Ph.D.），天下生活。

● 《心流：高手都在研究的最優體驗心理學（繁體中文唯一全譯本，二版）》（2023），米哈里・契克森米哈伊（Mihaly Csikszentmihalyi），行路。
● 《正念療癒力：八週找回平靜、自信與智慧的自己【卡巴金博士30年經典暢銷紀念版】》（2022），喬・卡巴金（Jon Kabat-Zinn, Ph.D.），野人。
● 《Headspace 冥想正念手冊》（2019），安迪・帕帝康（Andy Puddicombe），星出版。
● 《原子習慣：細微改變帶來巨大成就的實證法則》（2019），詹姆斯・克利爾（James Clear），方智。
● 《正念減壓的訓練：風行全球，哈佛醫學院、Google、麥肯錫、蘋果都在用》（2017），陳德中，方智。
● 《箭藝與禪心》（2021），奧根・海瑞格（Eugen Herrigel），心靈工坊。
● 《當生命陷落時：與逆境共處的智慧（二十週年紀念版）》（2017），佩瑪・丘卓（Pema Chödrön），心靈工坊。
● 《正念父母心，享受每天的幸福》（2013），麥拉和喬・卡巴金，心靈工坊。
● 《不被情緒綁架：擺脫你的慣性與恐懼》（2012），佩瑪・丘卓（Pema Chödrön），心靈工坊。
● 《當下覺醒》（2010），史蒂芬・鮑地安（Stephan Bodian），心靈工坊。

附錄五

# 延伸閱讀

- 《與無常共處：108篇生活的智慧》（2003），佩瑪・丘卓（Pema Chödrön），心靈工坊。
- 《不逃避的智慧》（2005），佩瑪・丘卓（Pema Chödrön），心靈工坊。
- 《轉逆境為喜悅：與恐懼共處的智慧》（2002），佩瑪・丘卓（Pema Chödrön），心靈工坊。

心靈工坊 PsyGarden
Holistic 163

# 當下，繁花盛開
# 30 週年全新增訂版

## Wherever You Go, There You Are: Mindfulness Meditation in Everyday Life, 30th Anniversary Edition

喬・卡巴金 Jon Kabat-Zinn, Ph.D.—著　雷叔雲—譯

---

出版者—心靈工坊文化事業股份有限公司
發行人—王浩威　總編輯—徐嘉俊
責任編輯—饒美君
封面設計—兒日　內頁排版—龍虎電腦排版股份有限公司
通訊地址—10684 台北市大安區信義路四段 53 巷 8 號 2 樓
郵政劃撥—19546215　戶名—心靈工坊文化事業股份有限公司
電話—02）2702-9186　傳真—02）2702-9286
Email—service@psygarden.com.tw　網址—www.psygarden.com.tw

製版・印刷—中茂製版印刷股份有限公司
總經銷—大和書報圖書股份有限公司
電話—02）8990-2588　傳真—02）2290-1658
通訊地址—248 新北市五股工業區五工五路二號
二版一刷—2025 年 4 月　ISBN—978-986-357-427-9　定價—460 元



國家圖書館出版品預行編目資料

當下，繁花盛開（30 週年全新增訂版）/ 喬・卡巴金 (Jon Kabat-Zinn) 著 ; 雷叔雲譯 .
-- 二版 . -- 臺北市 : 心靈工坊文化事業股份有限公司 , 2025.04
面 ;　公分 . -- (Holistic ; 163)
譯自 : Wherever You Go, There You Are: Mindfulness Meditation In Everyday Life, 30th Anniversary Ed.
ISBN 978-986-357-427-9（平裝）

1. CST：禪定　2. CST：注意力

225.72　114001639

心靈工坊 PsyGarden 書香家族 讀友卡

感謝您購買心靈工坊的叢書，爲了加強對您的服務，請您詳填本卡，
直接投入郵筒（免貼郵票）或傳眞，我們會珍視您的意見，
並提供您最新的活動訊息，共同以書會友，追求身心靈的創意與成長。

書系編號—Holistic 163　　書名—當下，繁花盛開30週年全新增訂版

姓名　　是否已加入書香家族？□是 □現在加入

電話 (O)　　(H)　　手機

E-mail　　生日　　年　　月　　日

地址 □□□

服務機構　　職稱

您的性別—□1.女 □2.男 □3.其他

婚姻狀況—□1.未婚 □2.已婚 □3.離婚 □4.不婚 □5.同志 □6.喪偶 □7.分居

請問您如何得知這本書？

□1.書店 □2.報章雜誌 □3.廣播電視 □4.親友推介 □5.心靈工坊書訊
□6.廣告DM □7.心靈工坊網站 □8.其他網路媒體 □9.其他

您購買本書的方式？

□1.書店 □2.劃撥郵購 □3.團體訂購 □4.網路訂購 □5.其他

您對本書的意見？

□ 封面設計　1.須再改進 2.尚可 3.滿意 4.非常滿意
□ 版面編排　1.須再改進 2.尚可 3.滿意 4.非常滿意
□ 內容　1.須再改進 2.尚可 3.滿意 4.非常滿意
□ 文筆／翻譯　1.須再改進 2.尚可 3.滿意 4.非常滿意
□ 價格　1.須再改進 2.尚可 3.滿意 4.非常滿意

您對我們有何建議？

□本人同意＿＿＿＿＿＿（請簽名）提供（眞實姓名/E-mail/地址/電話/年齡/等資料），以作為心靈工坊（聯絡/寄貨/加入會員/行銷/會員折扣/等之用，詳細內容請參閱http://shop.psygarden.com.tw/member_register.asp。

廣告回信
台北郵政登記證
台北廣字第1143號
免貼郵票

心靈工坊 PsyGarden

10684台北市信義路四段53巷8號2樓

讀者服務組 收

免貼郵票

（對折線）

# 加入心靈工坊書香家族會員
# 共享知識的盛宴，成長的喜悅

請寄回這張回函卡（免貼郵票），
您就成為心靈工坊的書香家族會員，您將可以——

⊙隨時收到新書出版和活動訊息

⊙獲得各項回饋和優惠方案